Plantaardige KeukenRecepten 2023
Een Gids voor een Gezond en Milieubewust Dieet

Luna van der Velden

inhoud

Geroosterde Broccoli En Bieten 10
Geroosterde bloemkool en pastinaken 12
Geroosterde wortel en rode biet 14
Geroosterde kool en bieten 16
Gebakken Broccoli Sichuan-stijl 18
Gebakken Bloemkool En Shitake Champignons 20
Gebakken Pittige Wortelen 22
Bloemkool gerookt in de oven 24
Gebakken Enoki en Oesterzwammen 26
Geroosterde boerenkool en spinazie 28
Gebakken waterkers en broccoli 30
Boerenkool en Geroosterde Kool 33
Gegrilde driedubbele champignons 35
Geroosterde asperges en bieten 37
Geroosterde Bloemkool, Broccoli En Kool 39
Gebakken taugé en bloemkool 41
Geroosterde Wortelen En Zoete Aardappelen 43
Geroosterde Rode Kool En Broccoli 45
Boterachtige Geroosterde Wortelen Met Minikool 48
Aardappelen in de schil Wortel en Spruitjes 50
Frieten en asperges 52

Gebakken Franse asperges en zoete aardappelen 54

Gebakken pastinaken en asperges 56

Wortelen en asperges met geroosterde knoflookboter 58

Geroosterde asperges met knoflook-citroenboter 60

Pastinaak Pastinaak Geroosterde Knoflookboter 62

Geroosterde rapen en asperges 65

Geroosterde gerookte pastinaken 67

Broccoli en geroosterde asperges 69

Thaise geroosterde bloemkool en asperges 71

Asperges en citroenfriet 73

Rapen en wortelen met geroosterde walnoten 75

Geroosterde Italiaanse Rode Bieten En Asperges 77

Geroosterde maniokwortel en asperges 79

Geroosterde bieten, rapen en asperges 81

Geroosterde rode biet en cassavewortel 83

Geroosterde Walnootaardappelen en Zoete Aardappelen 85

Geroosterde Koolrabi en Paarse Yam 88

Geroosterde yams en asperges 90

Gebakken Cassave Wortel Asperges en Pastinaak 92

Gebakken broccoli en asperges 94

Geroosterde Aziatische Broccoli En Wortelen 96

Gebakken spruitjes en uien met balsamico 98

Gebakken rode kool en rode ui 100

Gebakken minikool met regenboogpeperkorrels 103

Geroosterde Napa Kool Met Balsamico Glazuur 105

Geroosterde kool en rode ui.. 107

Geroosterde rode kool met balsamico glazuur....................... 109

Franse pastinaaksoep.. 112

Soep van rode ui en pastinaak 114

wortel pesto soep... 116

Soep van tomaat en citroengras 118

Chinese raapsoep 120

Soep van gebakken aardappelen en kikkererwten................. 122

Geroosterde Soep Van Zoete Aardappel En Bonen............... 124

Franse Aardappel-Kikkererwtensoep.. 126

Pittige tomaten-aardappelsoep 128

Bloemkool en gebakken tomaten.. 130

Bloemkool en knoflook gerookt in de oven 132

Broccoli en gebakken bloemkool 134

Gebakken kikkererwten en broccoli.. 135

Geroosterde kerstomaatjes en kikkererwten 137

Kikkererwten met vegan Italiaanse boter................................ 139

Geroosterde Spruitjes.. 141

Gebakken bloemkool en champignons.................................... 143

Pittige zwarte bonen en geroosterde tomaten 145

Eenvoudige geroosterde bloemkool... 147

Eenvoudige geroosterde broccoli en tomaten....................... 149

Eenvoudige geroosterde appels en rode kool........................ 151

spinazie en geroosterde kersen 152

Geroosterde boerenkool en artisjokharten 153

Geroosterde Napa Kool en Wortelen 154

Geroosterde Wortelen En Waterkers 155

Artisjokhart met eenvoudige geroosterde kool en rode kool 156

Geroosterde Napa Kool Wortelen En Spinazie 157

Geroosterde Spinazie En Wortel Waterkers 158

Geroosterde artisjokharten en rode kool 159

Geroosterde Boerenkool en Rode Kool 160

Geroosterde Napa Kool en Boerenkool 161

Geroosterde Bonen En Pompoen 163

Geroosterde zwarte bonen en pompoen 165

Gebakken Bonen En Aardappelen 167

Gebakken aardappelen en pastinaken 169

Geroosterde Oosterse Bonen En Pompoen 171

Gerookte bonen en aardappelen 173

Champignons en gebakken aardappelen 175

Gebakken aardappelen en zoete aardappelen 177

Geroosterde Bonen En Pompoen 179

Geroosterde Tomaten En Taugé 181

Geroosterde Wortel Raap Pastinaak 183

Geroosterde aromatische tomaten 185

Geroosterde Oosterse Taugé en Broccoli 187

Broccoli en gebakken uien 189

Spruitjes en geroosterde taugé 191

Gebakken Bonen Met Boter En Broccoli 194

Gebakken aardappelen met citroen en knoflook 196

Broccoli geroosterd met boter 198

Broccoli en geroosterde taugé 200

Eenvoudig en gemakkelijk pastinaak en gebakken aardappelen 202

Rode biet en gebakken aardappelen 204

Geroosterde Wortelen En Zoete Aardappelen 206

Geroosterde Boerenkool en Zoete Aardappelen 208

Sichuan-stijl gebakken waterkers en wortelen 210

Geroosterde en gekruide uien en rapen 212

kerrie wortelen 215

Pittige Gebakken Spinazie En Ui 217

Geroosterde Zoete Aardappelen En Spinazie 219

Geroosterde Broccoli En Bieten

ingrediënten

1 ½ kopje spruitjes, gehakt

1 kop grote aardappelstukjes

1 kopje grote stukjes wortel

1 ½ kopje broccoliroosjes

1 kopje in blokjes gesneden rode biet

1/2 kopje gele uienstukjes

2 eetlepels sesamolie

zout en gemalen zwarte peper naar smaak

Verwarm de oven voor op 425 graden F (220 graden C).

Plaats het rooster op de op één na laagste plank van de oven.

Giet wat water met wat zout in een bakje.

Week de spruitjes 15 minuten in gezouten water en giet ze af.

Doe de overige ingrediënten bij elkaar in een kom.

Verdeel de groenten in een enkele laag over een bakplaat.

Rooster in de oven tot de groenten bruin beginnen te worden en gaar worden, ongeveer 45 minuten.

Geroosterde bloemkool en pastinaken

ingrediënten

1 ½ kopje kleine kool, gehakt

1 kop grote aardappelstukjes

1 kopje grote pastinaken, gehakt

1 ½ kopje bloemkoolroosjes

1 kopje in blokjes gesneden rode biet

1/2 kop stukjes rode ui

2 eetlepels extra vergine olijfolie

zout en gemalen zwarte peper naar smaak

Verwarm de oven voor op 425 graden F (220 graden C).

Plaats het rooster op de op één na laagste plank van de oven.

Giet wat water met wat zout in een bakje.

Week de mini kool 15 minuten in gezouten water en giet af.

Doe de overige ingrediënten bij elkaar in een kom.

Verdeel de groenten in een enkele laag over een bakplaat.

Rooster in de oven tot de groenten bruin beginnen te worden en gaar worden, ongeveer 45 minuten.

Geroosterde wortel en rode biet

ingrediënten

1 ½ kopje paarse kool, gehakt

1 kop grote stukken zoete aardappel

1 kopje grote stukjes wortel

1 ½ kopje bloemkoolroosjes

1 kopje in blokjes gesneden rode biet

1/2 kop stukjes rode ui

2 eetlepels extra vergine olijfolie

zout en gemalen zwarte peper naar smaak

Verwarm de oven voor op 425 graden F (220 graden C).

Plaats het rooster op de op één na laagste plank van de oven.

Giet wat water met wat zout in een bakje.

Week de paarse kool 15 minuten in gezouten water en giet af.

Doe de overige ingrediënten bij elkaar in een kom.

Verdeel de groenten in een enkele laag over een bakplaat.

Rooster in de oven tot de groenten bruin beginnen te worden en gaar worden, ongeveer 45 minuten.

Geroosterde kool en bieten

ingrediënten

½ kopje spruitjes, gehakt

½ kopje kool, gehakt

½ kopje paarse kool

1 kop grote aardappelstukjes

1 kopje grote stukken regenboogwortel

1 ½ kopje bloemkoolroosjes

1 kopje in blokjes gesneden rode biet

1/2 kop stukjes rode ui

2 eetlepels extra vergine olijfolie

zout en gemalen zwarte peper naar smaak

Verwarm de oven voor op 425 graden F (220 graden C).

Plaats het rooster op de op één na laagste plank van de oven.

Giet wat water met wat zout in een bakje.

Week de spruitjes en kool 15 minuten in gezouten water en giet af.

Doe de overige ingrediënten bij elkaar in een kom.

Verdeel de groenten in een enkele laag over een bakplaat.

Rooster in de oven tot de groenten bruin beginnen te worden en gaar worden, ongeveer 45 minuten.

Gebakken Broccoli Sichuan-stijl

ingrediënten

1 ½ kopje spruitjes, gehakt

1 kopje broccoliroosjes

1 kopje grote stukken regenboogwortel

1 ½ kopje bloemkoolroosjes

1 kop champignons, in plakjes

1/2 kop stukjes rode ui

2 eetlepels sesamolie

½ theelepel Sichuan-peperkorrels

Zout

gemalen zwarte peper naar smaak

Verwarm de oven voor op 425 graden F (220 graden C).

Plaats het rooster op de op één na laagste plank van de oven.

Giet wat water met wat zout in een bakje.

Week de spruitjes 15 minuten in gezouten water en giet ze af.

Doe de overige ingrediënten bij elkaar in een kom.

Verdeel de groenten in een enkele laag over een bakplaat.

Rooster in de oven tot de groenten bruin beginnen te worden en gaar worden, ongeveer 45 minuten.

Gebakken Bloemkool En Shitake Champignons

ingrediënten

1 ½ kopje kleine kool, gehakt

1 kop shiitake-champignons, in plakjes

1 kopje grote stukken regenboogwortel

1 ½ kopje bloemkoolroosjes

1 kop champignons, in plakjes

1/2 kop stukjes rode ui

2 eetlepels extra vergine olijfolie

zout en gemalen zwarte peper naar smaak

Verwarm de oven voor op 425 graden F (220 graden C).

Plaats het rooster op de op één na laagste plank van de oven.

Giet wat water met wat zout in een bakje.

Week de mini kool 15 minuten in gezouten water en giet af.

Doe de overige ingrediënten bij elkaar in een kom.

Verdeel de groenten in een enkele laag over een bakplaat.

Rooster in de oven tot de groenten bruin beginnen te worden en gaar worden, ongeveer 45 minuten.

Gebakken Pittige Wortelen

ingrediënten

1 ½ kopje spruitjes, gehakt

1 kop grote aardappelstukjes

1 kopje grote stukken regenboogwortel

1 ½ kopje bloemkoolroosjes

1 kopje in blokjes gesneden rode biet

1/2 kop stukjes rode ui

1 theelepel komijn

1 theelepel cayennepeper

2 eetlepels extra vergine olijfolie

zout en gemalen zwarte peper naar smaak

Verwarm de oven voor op 425 graden F (220 graden C).

Plaats het rooster op de op één na laagste plank van de oven.

Giet wat water met wat zout in een bakje.

Week de spruitjes 15 minuten in gezouten water en giet ze af.

Doe de overige ingrediënten bij elkaar in een kom.

Verdeel de groenten in een enkele laag over een bakplaat.

Rooster in de oven tot de groenten bruin beginnen te worden en gaar worden, ongeveer 45 minuten.

Bloemkool gerookt in de oven

ingrediënten

1 ½ kopje rode kool, gehakt

1 kop grote aardappelstukjes

1 kopje grote stukken regenboogwortel

1 ½ kopje bloemkoolroosjes

1 kopje in blokjes gesneden rode biet

1/2 kop stukjes rode ui

1 theelepel komijn

1 theelepel achiotezaden

1 theelepel paprikapoeder

1 theelepel chilipoeder

2 eetlepels extra vergine olijfolie

zout en gemalen zwarte peper naar smaak

Verwarm de oven voor op 425 graden F (220 graden C).

Plaats het rooster op de op één na laagste plank van de oven.

Giet wat water met wat zout in een bakje.

Week de spruitjes 15 minuten in gezouten water en giet ze af.

Doe de overige ingrediënten bij elkaar in een kom.

Verdeel de groenten in een enkele laag over een bakplaat.

Rooster in de oven tot de groenten bruin beginnen te worden en gaar worden, ongeveer 45 minuten.

Gebakken Enoki en Oesterzwammen

ingrediënten

1 ½ kopje kleine kool, gehakt

1 kopje broccoliroosjes

1 kop enoki-paddenstoelen, in plakjes

1 ½ kopje bloemkoolroosjes

1 kop oesterzwammen

1/2 kop stukjes rode ui

2 eetlepels koolzaadolie

zout en gemalen zwarte peper naar smaak

Verwarm de oven voor op 425 graden F (220 graden C).

Plaats het rooster op de op één na laagste plank van de oven.

Giet wat water met wat zout in een bakje.

Week de spruitjes 15 minuten in gezouten water en giet ze af.

Doe de overige ingrediënten bij elkaar in een kom.

Verdeel de groenten in een enkele laag over een bakplaat.

Rooster in de oven tot de groenten bruin beginnen te worden en gaar worden, ongeveer 45 minuten.

Geroosterde boerenkool en spinazie

ingrediënten

1 ½ kopje spruitjes, gehakt

1 kopje grof gesneden spinazie

1 kop boerenkool, grof gehakt

1 ½ kopje broccoliroosjes

1 kopje bloemkoolroosjes

1/2 kop stukjes rode ui

2 eetlepels extra vergine olijfolie

zeezout naar smaak

gemalen zwarte peper naar smaak

Verwarm de oven voor op 425 graden F (220 graden C).

Plaats het rooster op de op één na laagste plank van de oven.

Giet wat water met wat zout in een bakje.

Week de spruitjes 15 minuten in gezouten water en giet ze af.

Doe de overige ingrediënten bij elkaar in een kom.

Verdeel de groenten in een enkele laag over een bakplaat.

Rooster in de oven tot de groenten bruin beginnen te worden en gaar worden, ongeveer 45 minuten.

Gebakken waterkers en broccoli

ingrediënten

1 ½ kopje spruitjes, gehakt

1 kopje grof gesneden spinazie

1 kop waterkers, grof gehakt

1 ½ kopje bloemkoolroosjes

1 kopje broccoliroosjes

1/2 kop stukjes rode ui

2 eetlepels extra vergine olijfolie

Zeezout en gemalen regenboogpeperkorrels naar smaak

Verwarm de oven voor op 425 graden F (220 graden C).

Plaats het rooster op de op één na laagste plank van de oven.

Giet wat water met wat zout in een bakje.

Week de spruitjes 15 minuten in gezouten water en giet ze af.

Doe de overige ingrediënten bij elkaar in een kom.

Verdeel de groenten in een enkele laag over een bakplaat.

Rooster in de oven tot de groenten bruin beginnen te worden en gaar worden, ongeveer 45 minuten.

Boerenkool en Geroosterde Kool

ingrediënten

1 ½ kopje kleine kool, gehakt

1 kop boerenkool, grof gehakt

1 kopje grote stukken regenboogwortel

1 ½ kopje bloemkoolroosjes

1 kop champignons, in plakjes

1/2 kop stukjes rode ui

2 eetlepels vegan boter/margarine, gesmolten

zout en gemalen zwarte peper naar smaak

Verwarm de oven voor op 425 graden F (220 graden C).

Plaats het rooster op de op één na laagste plank van de oven.

Giet wat water met wat zout in een bakje.

Week de spruitjes 15 minuten in gezouten water en giet ze af.

Doe de overige ingrediënten bij elkaar in een kom.

Verdeel de groenten in een enkele laag over een bakplaat.

Rooster in de oven tot de groenten bruin beginnen te worden en gaar worden, ongeveer 45 minuten.

Gegrilde driedubbele champignons

ingrediënten

2 kopjes taugé, afgespoeld

1 kop oesterzwammen

1 kop champignons, in plakjes

1 ½ kopje enoki-champignons

1/2 kop stukjes rode ui

2 eetlepels extra vergine olijfolie

zout en gemalen zwarte peper naar smaak

Verwarm de oven voor op 425 graden F (220 graden C).

Plaats het rooster op de op één na laagste plank van de oven.

Giet wat water met wat zout in een bakje.

Week de taugé 15 minuten in gezouten water en giet af.

Doe de overige ingrediënten bij elkaar in een kom.

Verdeel de groenten in een enkele laag over een bakplaat.

Rooster in de oven tot de groenten bruin beginnen te worden en gaar worden, ongeveer 45 minuten.

Geroosterde asperges en bieten

ingrediënten

1 ½ kopje paarse kool, gehakt

1 kopje taugé

1 kopje asperges

1 ½ kopje bloemkoolroosjes

1 kopje in blokjes gesneden rode biet

1/2 kop stukjes rode ui

2 eetlepels sesamolie

Zeezout en gemalen zwarte peper naar smaak

Verwarm de oven voor op 425 graden F (220 graden C).

Plaats het rooster op de op één na laagste plank van de oven.

Giet wat water met wat zout in een bakje.

Week de paarse kool 15 minuten in gezouten water en giet af.

Doe de overige ingrediënten bij elkaar in een kom.

Verdeel de groenten in een enkele laag over een bakplaat.

Rooster in de oven tot de groenten bruin beginnen te worden en gaar worden, ongeveer 45 minuten.

Geroosterde Bloemkool, Broccoli En Kool

ingrediënten

1 ½ kopje kleine kool, gehakt

1 kopje taugé

1 kopje grote stukken regenboogwortel

1 ½ kopje bloemkoolroosjes

1 kopje broccoliroosjes

1/2 kop stukjes rode ui

2 eetlepels koolzaadolie

2 lepels. Knoflookpasta met Thaise chili

1 Thaise basilicum

zout en gemalen zwarte peper naar smaak

Verwarm de oven voor op 425 graden F (220 graden C).

Plaats het rooster op de op één na laagste plank van de oven.

Giet wat water met wat zout in een bakje.

Week de mini kool 15 minuten in gezouten water en giet af.

Doe de overige ingrediënten bij elkaar in een kom.

Verdeel de groenten in een enkele laag over een bakplaat.

Rooster in de oven tot de groenten bruin beginnen te worden en gaar worden, ongeveer 45 minuten.

Gebakken taugé en bloemkool

ingrediënten

1 ½ kopje taugé, bijgesneden

1 kop grote aardappelstukjes

1 kopje grote stukjes wortel

1 ½ kopje bloemkoolroosjes

1 kopje in blokjes gesneden rode biet

1/2 kop stukjes rode ui

1 theelepel Spaanse paprika

2 eetlepels extra vergine olijfolie

zout en gemalen zwarte peper naar smaak

Verwarm de oven voor op 425 graden F (220 graden C).

Plaats het rooster op de op één na laagste plank van de oven.

Giet wat water met wat zout in een bakje.

Week de taugé 15 minuten in gezouten water en giet af.

Doe de overige ingrediënten bij elkaar in een kom.

Verdeel de groenten in een enkele laag over een bakplaat.

Rooster in de oven tot de groenten bruin beginnen te worden en gaar worden, ongeveer 45 minuten.

Geroosterde Wortelen En Zoete Aardappelen

ingrediënten

1 ½ kopje kleine kool, gehakt

1 kop grote aardappelstukjes

1 kopje grote stukken regenboogwortel

1 ½ kopje zoete aardappelpartjes

1 kop pastinaak

1/2 kop stukjes rode ui

2 eetlepels extra vergine olijfolie

Zeezout

regenboog peperkorrels naar smaak

Verwarm de oven voor op 425 graden F (220 graden C).

Plaats het rooster op de op één na laagste plank van de oven.

Giet wat water met wat zout in een bakje.

Week de mini kool 15 minuten in gezouten water en giet af.

Doe de overige ingrediënten bij elkaar in een kom.

Verdeel de groenten in een enkele laag over een bakplaat.

Rooster in de oven tot de groenten bruin beginnen te worden en gaar worden, ongeveer 45 minuten.

Geroosterde Rode Kool En Broccoli

ingrediënten

1 ½ kopje paarse kool, gehakt

1 kopje grote stukken pastinaak

1 kopje grote stukken regenboogwortel

1 ½ kopje bloemkoolroosjes

1 kopje broccoliroosjes

1/2 kop stukjes rode ui

2 eetlepels koolzaadolie

zout en gemalen zwarte peper naar smaak

Verwarm de oven voor op 425 graden F (220 graden C).

Plaats het rooster op de op één na laagste plank van de oven.

Giet wat water met wat zout in een bakje.

Week de paarse kool 15 minuten in gezouten water en giet af.

Doe de overige ingrediënten bij elkaar in een kom.

Verdeel de groenten in een enkele laag over een bakplaat.

Rooster in de oven tot de groenten bruin beginnen te worden en gaar worden, ongeveer 45 minuten.

Boterachtige Geroosterde Wortelen Met Minikool

ingrediënten

1 ½ kopje kleine kool, gehakt

1 kop grote aardappelstukjes

1 kopje grote stukjes wortel

1 ½ kopje bloemkoolroosjes

1 kopje zoete aardappelstukjes

1/2 kop stukjes rode ui

2 eetlepels veganistische boter/margarine

Zeezout en gemalen zwarte peper naar smaak

Verwarm de oven voor op 425 graden F (220 graden C).

Plaats het rooster op de op één na laagste plank van de oven.

Giet wat water met wat zout in een bakje.

Week de mini kool 15 minuten in gezouten water en giet af.

Doe de overige ingrediënten bij elkaar in een kom.

Verdeel de groenten in een enkele laag over een bakplaat.

Rooster in de oven tot de groenten bruin beginnen te worden en gaar worden, ongeveer 45 minuten.

Aardappelen in de schil Wortel en Spruitjes

ingrediënten

1 ½ kopje spruitjes, gehakt

1 kop grote aardappelstukjes

1 kopje grote stukken regenboogwortel

1 ½ kopje pastinaak

1 kopje zoete aardappel

¼ kopje gehakte knoflook

2 theelepels citroensap

2 eetlepels veganistische boter/margarine

zout en gemalen zwarte peper naar smaak

Verwarm de oven voor op 425 graden F (220 graden C).

Plaats het rooster op de op één na laagste plank van de oven.

Giet wat water met wat zout in een bakje.

Week de spruitjes 15 minuten in gezouten water en giet ze af.

Doe de overige ingrediënten bij elkaar in een kom.

Verdeel de groenten in een enkele laag over een bakplaat.

Rooster in de oven tot de groenten bruin beginnen te worden en gaar worden, ongeveer 45 minuten.

Frieten en asperges

ingrediënten

1 1/2 pond aardappelen, in stukjes gesneden

2 eetlepels extra vergine olijfolie

12 teentjes knoflook, in dunne plakjes gesneden

1 lepel. en 1 theelepel. gedroogde rozemarijn

4 theelepels gedroogde tijm

2 theelepels zeezout

1 bos verse asperges, bijgesneden en in stukjes van 1 inch gesneden

Verwarm de oven voor op 425 graden F.

Combineer op een bakplaat de eerste 5 ingrediënten en de helft van het zeezout.

Afdekken met folie.

Bak gedurende 20 minuten in de oven.

Meng de asperges, olie en zout.

Dek af en kook ongeveer 15 minuten, of tot de aardappelen gaar zijn.

Verhoog de oventemperatuur tot 450 graden F.

Verwijder de folie en kook 8 minuten, tot de aardappelen lichtbruin zijn.

Gebakken Franse asperges en zoete aardappelen

ingrediënten

1 1/2 pond zoete aardappelen, in stukjes gesneden

3 eetlepels olijfolie

12 teentjes knoflook, in dunne plakjes gesneden

1 lepel. en 1 theelepel. gedroogde rozemarijn

4 theelepels Provençaalse kruiden

2 theelepels zeezout

1 bos verse asperges, bijgesneden en in stukjes van 1 inch gesneden

Verwarm de oven voor op 425 graden F.

Combineer op een bakplaat de eerste 5 ingrediënten en de helft van het zeezout.

Afdekken met folie.

Bak gedurende 20 minuten in de oven.

Meng de asperges, olie en zout.

Dek af en kook ongeveer 15 minuten, of tot de zoete aardappelen gaar zijn.

Verhoog de oventemperatuur tot 450 graden F.

Verwijder de folie en kook 8 minuten, tot de aardappelen lichtbruin zijn.

Gebakken pastinaken en asperges

ingrediënten

1 1/2 kg pastinaken, in stukjes gesneden

2 eetlepels extra vergine olijfolie

12 teentjes knoflook, in dunne plakjes gesneden

1 lepel. en 1 theelepel. Italiaanse kruiden

4 theelepels gedroogde tijm

2 theelepels zeezout

1 bos verse asperges, bijgesneden en in stukjes van 1 inch gesneden

Verwarm de oven voor op 425 graden F.

Combineer op een bakplaat de eerste 5 ingrediënten en de helft van het zeezout.

Afdekken met folie.

Bak gedurende 20 minuten in de oven.

Meng de asperges, olie en zout.

Dek af en kook ongeveer 15 minuten, of tot de pastinaak gaar is.

Verhoog de oventemperatuur tot 450 graden F.

Verwijder de folie en kook 8 minuten, tot de aardappelen lichtbruin zijn.

Wortelen en asperges met geroosterde knoflookboter

ingrediënten

1 1/2 pond wortelen, in stukjes gesneden

4 eetlepels veganistische boter, gesmolten

12 teentjes knoflook, in dunne plakjes gesneden

1 lepel. en 1 theelepel. gedroogde rozemarijn

2 theelepels citroensap

2 theelepels zeezout

1 bos verse asperges, bijgesneden en in stukjes van 1 inch gesneden

Verwarm de oven voor op 425 graden F.

Combineer op een bakplaat de eerste 5 ingrediënten en de helft van het zeezout.

Afdekken met folie.

Bak gedurende 20 minuten in de oven.

Meng de asperges, olie en zout.

Dek af en kook ongeveer 15 minuten, of tot de aardappelen gaar zijn.

Verhoog de oventemperatuur tot 450 graden F.

Verwijder de folie en kook 8 minuten, tot de aardappelen lichtbruin zijn.

Geroosterde asperges met knoflook-citroenboter

ingrediënten

1 1/2 pond aardappelen, in stukjes gesneden

4 eetlepels veganistische boter/margarine

12 teentjes knoflook, in dunne plakjes gesneden

2 theelepels citroensap

2 theelepels zeezout

1 bos verse asperges, bijgesneden en in stukjes van 1 inch gesneden

Verwarm de oven voor op 425 graden F.

Combineer op een bakplaat de eerste 5 ingrediënten en de helft van het zeezout.

Afdekken met folie.

Bak gedurende 20 minuten in de oven.

Meng de asperges, olie en zout.

Dek af en kook ongeveer 15 minuten, of tot de aardappelen gaar zijn.

Verhoog de oventemperatuur tot 450 graden F.

Verwijder de folie en kook 8 minuten, tot de aardappelen lichtbruin zijn.

Pastinaak Pastinaak Geroosterde Knoflookboter

ingrediënten

1 1/2 kg pastinaken, in stukjes gesneden

6 eetlepels veganistische boter/margarine

12 teentjes knoflook, in dunne plakjes gesneden

2 theelepels citroensap

4 theelepels gedroogde tijm

2 theelepels zeezout

1 bos verse asperges, bijgesneden en in stukjes van 1 inch gesneden

Verwarm de oven voor op 425 graden F.

Combineer op een bakplaat de eerste 5 ingrediënten en de helft van het zeezout.

Afdekken met folie.

Bak gedurende 20 minuten in de oven.

Meng de asperges, olie en zout.

Dek af en kook ongeveer 15 minuten, of tot de pastinaak gaar is.

Verhoog de oventemperatuur tot 450 graden F.

Verwijder de folie en kook 8 minuten, tot de aardappelen lichtbruin zijn.

Geroosterde rapen en asperges

ingrediënten

1 1/2 kg rapen, in stukjes gesneden

2 eetlepels extra vergine olijfolie

12 teentjes knoflook, in dunne plakjes gesneden

1 lepel. gedroogde rozemarijn

4 theelepels gedroogde tijm

2 theelepels zeezout

1 bos verse asperges, bijgesneden en in stukjes van 1 inch gesneden

Verwarm de oven voor op 425 graden F.

Combineer op een bakplaat de eerste 5 ingrediënten en de helft van het zeezout.

Afdekken met folie.

Bak gedurende 20 minuten in de oven.

Meng de asperges, olie en zout.

Dek af en kook ongeveer 15 minuten, of tot de rapen gaar zijn.

Verhoog de oventemperatuur tot 450 graden F.

Verwijder de folie en kook 8 minuten, tot de aardappelen lichtbruin zijn.

Geroosterde gerookte pastinaken

ingrediënten

1 1/2 kg pastinaken, in stukjes gesneden

4 eetlepels extra vergine olijfolie

12 teentjes knoflook, in dunne plakjes gesneden

1 lepel. peper

1 theelepel komijn

2 theelepels zeezout

1 bos verse asperges, bijgesneden en in stukjes van 1 inch gesneden

Verwarm de oven voor op 425 graden F.

Combineer op een bakplaat de eerste 5 ingrediënten en de helft van het zeezout.

Afdekken met folie.

Bak gedurende 20 minuten in de oven.

Meng de asperges, olie en zout.

Dek af en kook ongeveer 15 minuten, of tot de pastinaak gaar is.

Verhoog de oventemperatuur tot 450 graden F.

Verwijder de folie en kook 8 minuten, tot de aardappelen lichtbruin zijn.

Broccoli en geroosterde asperges

ingrediënten

1 1/2 pond broccoli, in stukjes gesneden

3 eetlepels extra vergine olijfolie

12 teentjes knoflook, in dunne plakjes gesneden

1 lepel. en 1 theelepel. gedroogde rozemarijn

4 theelepels gedroogde tijm

2 theelepels zeezout

1 bos verse asperges, bijgesneden en in stukjes van 1 inch gesneden

Verwarm de oven voor op 425 graden F.

Combineer op een bakplaat de eerste 5 ingrediënten en de helft van het zeezout.

Afdekken met folie.

Bak gedurende 20 minuten in de oven.

Meng de asperges, olie en zout.

Dek af en kook ongeveer 15 minuten of tot de broccoli gaar is.

Verhoog de oventemperatuur tot 450 graden F.

Verwijder de folie en kook 8 minuten, tot de aardappelen lichtbruin zijn.

Thaise geroosterde bloemkool en asperges

ingrediënten

1 1/2 pond bloemkool, in stukjes gesneden

2 eetlepels sesamolie

10 teentjes knoflook, in dunne plakjes gesneden

1 lepel. Knoflookpasta met Thaise chili

2 theelepels vers gesneden Thaise basilicum

2 theelepels zeezout

1 bos verse asperges, bijgesneden en in stukjes van 1 inch gesneden

Verwarm de oven voor op 425 graden F.

Combineer op een bakplaat de eerste 5 ingrediënten en de helft van het zeezout.

Afdekken met folie.

Bak gedurende 20 minuten in de oven.

Meng de asperges, olie en zout.

Dek af en kook ongeveer 15 minuten, of tot de bloemkool gaar is.

Verhoog de oventemperatuur tot 450 graden F.

Verwijder de folie en kook 8 minuten, tot de aardappelen lichtbruin zijn.

Asperges en citroenfriet

ingrediënten

1 1/2 pond aardappelen, in stukjes gesneden

2 eetlepels boter of vegan margarine

12 teentjes knoflook, in dunne plakjes gesneden

1 lepel. citroensap

1 theelepel achiotezaden

2 theelepels zeezout

1 bos verse asperges, bijgesneden en in stukjes van 1 inch gesneden

Verwarm de oven voor op 425 graden F.

Combineer op een bakplaat de eerste 5 ingrediënten en de helft van het zeezout.

Afdekken met folie.

Bak gedurende 20 minuten in de oven.

Meng de asperges, olie en zout.

Dek af en kook ongeveer 15 minuten, of tot de aardappelen gaar zijn.

Verhoog de oventemperatuur tot 450 graden F.

Verwijder de folie en kook 8 minuten, tot de aardappelen lichtbruin zijn.

Rapen en wortelen met geroosterde walnoten

ingrediënten

1/2 kg rapen, in stukjes gesneden

½ kilo wortelen, in stukjes gesneden

½ kilo aardappelen, in stukjes gesneden

2 eetlepels sesamolie

10 teentjes knoflook, in dunne plakjes gesneden

1 theelepel Chinees 5-kruidenpoeder

2 theelepels zeezout

1 bos verse asperges, bijgesneden en in stukjes van 1 inch gesneden

Verwarm de oven voor op 425 graden F.

Combineer op een bakplaat de eerste 6 ingrediënten en de helft van het zeezout.

Afdekken met folie.

Bak gedurende 20 minuten in de oven.

Meng de asperges, olie en zout.

Dek af en kook ongeveer 15 minuten, of tot de aardappelen gaar zijn.

Verhoog de oventemperatuur tot 450 graden F.

Verwijder de folie en kook 8 minuten, tot de aardappelen lichtbruin zijn.

Geroosterde Italiaanse Rode Bieten En Asperges

ingrediënten

1 1/2 kilo bieten, in stukjes gesneden

2 eetlepels extra vergine olijfolie

12 teentjes knoflook, in dunne plakjes gesneden

1 theelepel Italiaanse kruiden

4 theelepels gedroogde tijm

2 theelepels zeezout

1 bos verse asperges, bijgesneden en in stukjes van 1 inch gesneden

Verwarm de oven voor op 425 graden F.

Combineer op een bakplaat de eerste 5 ingrediënten en de helft van het zeezout.

Afdekken met folie.

Bak gedurende 20 minuten in de oven.

Meng de asperges, olie en zout.

Dek af en kook ongeveer 15 minuten of tot de bieten gaar zijn.

Verhoog de oventemperatuur tot 450 graden F.

Verwijder de folie en kook 8 minuten, tot de aardappelen lichtbruin zijn.

Geroosterde maniokwortel en asperges

ingrediënten

½ kilo yuccawortel, in stukjes gesneden

1/2 kilo aardappelen, in stukjes gesneden

2 eetlepels extra vergine olijfolie

12 teentjes knoflook, in dunne plakjes gesneden

4 theelepels Provençaalse kruiden

2 theelepels zeezout

1 bos verse asperges, bijgesneden en in stukjes van 1 inch gesneden

Verwarm de oven voor op 425 graden F.

Combineer op een bakplaat de eerste 6 ingrediënten en de helft van het zeezout.

Afdekken met folie.

Bak gedurende 20 minuten in de oven.

Meng de asperges, olie en zout.

Dek af en kook ongeveer 15 minuten, of tot de aardappelen en yucawortel gaar zijn.

Verhoog de oventemperatuur tot 450 graden F.

Verwijder de folie en kook 8 minuten, tot de aardappelen lichtbruin zijn.

Geroosterde bieten, rapen en asperges

ingrediënten

1/2 pond wortelen, in stukjes gesneden

½ kg rode biet, in stukjes gesneden

½ kg rapen, in stukjes gesneden

2 eetlepels extra vergine olijfolie

12 teentjes knoflook, in dunne plakjes gesneden

1 lepel. en 1 theelepel. gedroogde rozemarijn

4 theelepels gedroogde tijm

2 theelepels zeezout

1 bos verse asperges, bijgesneden en in stukjes van 1 inch gesneden

Verwarm de oven voor op 425 graden F.

Combineer op een bakplaat de eerste 7 ingrediënten en de helft van het zeezout.

Afdekken met folie.

Bak gedurende 20 minuten in de oven.

Meng de asperges, olie en zout.

Dek af en kook ongeveer 15 minuten, of tot de knollen zacht zijn.

Verhoog de oventemperatuur tot 450 graden F.

Verwijder de folie en kook 8 minuten, tot de aardappelen lichtbruin zijn.

Geroosterde rode biet en cassavewortel

ingrediënten

1/2 kg rode biet, in stukjes gesneden

½ kilo yuccawortel, in stukjes gesneden

½ kg rapen, in stukjes gesneden

2 eetlepels extra vergine olijfolie

12 teentjes knoflook, in dunne plakjes gesneden

1 lepel. en 1 theelepel. gedroogde rozemarijn

4 theelepels gedroogde tijm

2 theelepels zeezout

1 bos verse asperges, bijgesneden en in stukjes van 1 inch gesneden

Verwarm de oven voor op 425 graden F.

Combineer op een bakplaat de eerste 7 ingrediënten en de helft van het zeezout.

Afdekken met folie.

Bak gedurende 20 minuten in de oven.

Meng de asperges, olie en zout.

Dek af en kook ongeveer 15 minuten, of tot de knollen zacht zijn.

Verhoog de oventemperatuur tot 450 graden F.

Verwijder de folie en kook 8 minuten, tot de aardappelen lichtbruin zijn.

Geroosterde Walnootaardappelen en Zoete Aardappelen

ingrediënten

1/2 kilo aardappelen, in stukjes gesneden

½ kilo zoete aardappelen, in stukjes gesneden

2 eetlepels macadamianotenolie

12 teentjes knoflook, in dunne plakjes gesneden

1 lepel. en 1 theelepel. Provençaalse kruiden

2 theelepels zeezout

1 bos verse asperges, bijgesneden en in stukjes van 1 inch gesneden

Verwarm de oven voor op 425 graden F.

Combineer op een bakplaat de eerste 6 ingrediënten en de helft van het zeezout.

Afdekken met folie.

Bak gedurende 20 minuten in de oven.

Meng de asperges, olie en zout.

Dek af en kook ongeveer 15 minuten, of tot de knollen zacht zijn.

Verhoog de oventemperatuur tot 450 graden F.

Verwijder de folie en kook 8 minuten, tot de aardappelen lichtbruin zijn.

Geroosterde Koolrabi en Paarse Yam

ingrediënten

1/2 kilo aardappelen, in stukjes gesneden

½ kg koolraap, in stukjes gesneden

½ kilo paarse yam, in stukjes gesneden

2 eetlepels extra vergine olijfolie

12 teentjes knoflook, in dunne plakjes gesneden

1 lepel. en 1 theelepel. gedroogde rozemarijn

4 theelepels gedroogde tijm

2 theelepels zeezout

1 bos verse asperges, bijgesneden en in stukjes van 1 inch gesneden

Verwarm de oven voor op 425 graden F.

Combineer op een bakplaat de eerste 7 ingrediënten en de helft van het zeezout.

Afdekken met folie.

Bak gedurende 20 minuten in de oven.

Meng de asperges, olie en zout.

Dek af en kook ongeveer 15 minuten, of tot de knollen zacht zijn.

Verhoog de oventemperatuur tot 450 graden F.

Verwijder de folie en kook 8 minuten, tot de aardappelen lichtbruin zijn.

Geroosterde yams en asperges

ingrediënten

1/2 kilo aardappelen, in stukjes gesneden

½ kilo witte yam, in stukjes gesneden

½ kilo zoete aardappel

2 eetlepels canola-olijfolie

12 teentjes knoflook, in dunne plakjes gesneden

2 theelepels Italiaanse kruiden

2 theelepels zeezout

1 bos verse asperges, bijgesneden en in stukjes van 1 inch gesneden

Verwarm de oven voor op 425 graden F.

Combineer op een bakplaat de eerste 6 ingrediënten en de helft van het zeezout.

Afdekken met folie.

Bak gedurende 20 minuten in de oven.

Meng de asperges, olie en zout.

Dek af en kook ongeveer 15 minuten, of tot de knollen zacht zijn.

Verhoog de oventemperatuur tot 450 graden F.

Verwijder de folie en kook 8 minuten, tot de aardappelen lichtbruin zijn.

Gebakken Cassave Wortel Asperges en Pastinaak

ingrediënten

1 kilo wortels, in stukjes gesneden

½ kg pastinaken, in stukjes gesneden

½ kilo yuccawortel

2 eetlepels extra vergine olijfolie

12 teentjes knoflook, in dunne plakjes gesneden

1 lepel. en 1 theelepel. gedroogde rozemarijn

4 theelepels gedroogde tijm

2 theelepels zeezout

1 bos verse asperges, bijgesneden en in stukjes van 1 inch gesneden

Verwarm de oven voor op 425 graden F.

Combineer op een bakplaat de eerste 7 ingrediënten en de helft van het zeezout.

Afdekken met folie.

Bak gedurende 20 minuten in de oven.

Meng de asperges, olijfolie en zout.

Dek af en kook ongeveer 15 minuten, of tot de knollen zacht zijn.

Verhoog de oventemperatuur tot 450 graden F.

Verwijder de folie en kook 8 minuten, tot de aardappelen lichtbruin zijn.

Gebakken broccoli en asperges

ingrediënten

1/2 kg koolraap, in stukjes gesneden

½ kilo wortelen, in stukjes gesneden

½ kilo broccoli

2 eetlepels extra vergine olijfolie

12 teentjes knoflook, in dunne plakjes gesneden

1 lepel. en 1 theelepel. gedroogde rozemarijn

4 theelepels gedroogde tijm

2 theelepels zeezout

1 bos verse asperges, bijgesneden en in stukjes van 1 inch gesneden

Verwarm de oven voor op 425 graden F.

Combineer op een bakplaat de eerste 7 ingrediënten en de helft van het zeezout.

Afdekken met folie.

Bak gedurende 20 minuten in de oven.

Meng de asperges, olijfolie en zout.

Dek af en kook ongeveer 15 minuten, of tot de knollen zacht zijn.

Verhoog de oventemperatuur tot 450 graden F.

Verwijder de folie en kook 8 minuten, tot de aardappelen lichtbruin zijn.

Geroosterde Aziatische Broccoli En Wortelen

ingrediënten

½ kilo wortelen, in stukjes gesneden

½ kilo broccoli, in stukjes gesneden

½ kg bloemkool, in stukjes gesneden

2 eetlepels sesamolie

12 teentjes knoflook, in dunne plakjes gesneden

1 lepel. en 1 theelepel. gehakte gember

4 theelepels bieslook

2 theelepels zeezout

1 bos verse asperges, bijgesneden en in stukjes van 1 inch gesneden

Verwarm de oven voor op 425 graden F.

Combineer op een bakplaat de eerste 7 ingrediënten en de helft van het zeezout.

Afdekken met folie.

Bak gedurende 20 minuten in de oven.

Meng de asperges, olijfolie en zout.

Dek af en kook ongeveer 15 minuten, of tot de aardappelen gaar zijn.

Verhoog de oventemperatuur tot 450 graden F.

Verwijder de folie en kook 8 minuten, tot de aardappelen lichtbruin zijn.

Gebakken spruitjes en uien met balsamico

ingrediënten

1 pakje (16 ons) verse spruitjes

2 kleine rode uien, dun gesneden

¼ kopje en 1 eetl. extra vierge olijfolie, verdeeld

1/4 theelepel zeezout

1/4 theelepel regenboogpeperkorrels

1 gesnipperde sjalot

1/4 kopje balsamicoazijn

1 eetlepel vers gehakte rozemarijn

Verwarm de oven voor op 425 graden F (220 graden C).

Vet een bakplaat in.

Combineer spruitjes en ui in een kom.

Voeg 4 eetlepels olijfolie, peper en zout toe.

Gooi om te coaten en verdeel het spruitmengsel in de pan.

Bak in de oven tot de spruiten en uien zacht zijn, ongeveer 25 tot 30 minuten.

Verhit de resterende eetlepel olijfolie in een kleine koekenpan op middelhoog vuur.

Fruit de sjalotjes tot ze zacht zijn, ongeveer 5 minuten.

Voeg balsamicoazijn toe en kook tot het glazuur vermindert, ongeveer 5 minuten.

Voeg rozemarijn toe aan het balsamicoglazuur en giet over de spruitjes.

Gebakken rode kool en rode ui

ingrediënten

1 pakket (16 ons) verse paarse kool, in vieren gesneden

2 kleine rode uien, dun gesneden

¼ kopje en 1 eetl. extra vierge olijfolie, verdeeld

1/4 theelepel zeezout

1/4 theelepel gemalen zwarte peper

1 gesnipperde sjalot

1/4 kopje rode wijnazijn

1 eetlepel vers gehakte rozemarijn

Verwarm de oven voor op 425 graden F (220 graden C).

Vet een bakplaat in.

Combineer de kool en ui in een kom.

Voeg 4 eetlepels olijfolie, peper en zout toe.

Gooi om te coaten en verdeel het spruitmengsel in de pan.

Bak in de oven tot de spruiten en uien zacht zijn, ongeveer 25 tot 30 minuten.

Verhit de resterende eetlepel olijfolie in een kleine koekenpan op middelhoog vuur.

Fruit de sjalotjes tot ze zacht zijn, ongeveer 5 minuten.

Voeg azijn toe en kook tot het glazuur vermindert, ongeveer 5 minuten.

Voeg rozemarijn toe aan het balsamicoglazuur en giet over de spruitjes.

Gebakken minikool met regenboogpeperkorrels

ingrediënten

1 pakje (16 ons) verse minikool

2 kleine rode uien, dun gesneden

¼ kopje en 1 eetl. extra vierge olijfolie, verdeeld

1/4 theelepel zeezout

1/4 theelepel regenboogpeperkorrels

1 gesnipperde sjalot

1/4 kopje balsamicoazijn

1 theelepel Provençaalse kruiden

Verwarm de oven voor op 425 graden F (220 graden C).

Vet een bakplaat in.

Combineer de kool en ui in een kom.

Voeg 4 eetlepels olijfolie, peper en zout toe.

Gooi om te coaten en verdeel het spruitmengsel in de pan.

Bak in de oven tot de spruiten en uien zacht zijn, ongeveer 25 tot 30 minuten.

Verhit de resterende eetlepel olijfolie in een kleine koekenpan op middelhoog vuur.

Fruit de sjalotjes tot ze zacht zijn, ongeveer 5 minuten.

Voeg balsamicoazijn toe en kook tot het glazuur vermindert, ongeveer 5 minuten.

Voeg Provençaalse kruiden toe aan het balsamicoglazuur en giet over de spruitjes.

Geroosterde Napa Kool Met Balsamico Glazuur

ingrediënten

1 pakje (16 ons) verse Napa-kool

2 kleine rode uien, dun gesneden

¼ kopje en 1 eetl. extra vierge olijfolie, verdeeld

1/4 theelepel zeezout

1/4 theelepel regenboogpeperkorrels

1 gesnipperde sjalot

1/4 kopje balsamicoazijn

1 theelepel Italiaanse kruiden

Verwarm de oven voor op 425 graden F (220 graden C).

Vet een bakplaat in.

Combineer de kool en ui in een kom.

Voeg 4 eetlepels olijfolie, peper en zout toe.

Gooi om te coaten en verdeel het spruitmengsel in de pan.

Bak in de oven tot de spruiten en uien zacht zijn, ongeveer 25 tot 30 minuten.

Verhit de resterende eetlepel olijfolie in een kleine koekenpan op middelhoog vuur.

Fruit de sjalotjes tot ze zacht zijn, ongeveer 5 minuten.

Voeg balsamicoazijn toe en kook tot het glazuur vermindert, ongeveer 5 minuten.

Voeg Italiaanse kruiden toe aan het balsamicoglazuur en giet over de spruitjes.

Geroosterde kool en rode ui

ingrediënten

1 pakket (16 ons) verse kool

2 kleine rode uien, dun gesneden

¼ kopje en 1 eetl. extra vierge olijfolie, verdeeld

1/4 theelepel zeezout

1/4 theelepel zwarte peperkorrels

1 gesnipperde sjalot

1/4 kopje witte wijnazijn

1 eetlepel vers gehakte rozemarijn

Verwarm de oven voor op 425 graden F (220 graden C).

Vet een bakplaat in.

Combineer de kool en ui in een kom.

Voeg 4 eetlepels olijfolie, peper en zout toe.

Gooi om te coaten en verdeel het spruitmengsel in de pan.

Bak in de oven tot de spruiten en uien zacht zijn, ongeveer 25 tot 30 minuten.

Verhit de resterende eetlepel olijfolie in een kleine koekenpan op middelhoog vuur.

Fruit de sjalotjes tot ze zacht zijn, ongeveer 5 minuten.

Voeg witte wijnazijn toe en kook tot het glazuur vermindert, ongeveer 5 minuten.

Voeg rozemarijn toe aan het balsamicoglazuur en giet over de spruitjes.

Geroosterde rode kool met balsamico glazuur

ingrediënten

1 pakje (16 ons) verse rode kool

2 kleine rode uien, dun gesneden

¼ kopje en 1 eetl. extra vierge olijfolie, verdeeld

1/4 theelepel zeezout

1/4 theelepel regenboogpeperkorrels

1 gesnipperde sjalot

1/4 kopje balsamicoazijn

1 eetlepel vers gehakte tijm

Verwarm de oven voor op 425 graden F (220 graden C).

Vet een bakplaat in.

Combineer de kool en ui in een kom.

Voeg 4 eetlepels olijfolie, peper en zout toe.

Gooi om te coaten en verdeel het spruitmengsel in de pan.

Bak in de oven tot de spruiten en uien zacht zijn, ongeveer 25 tot 30 minuten.

Verhit de resterende eetlepel olijfolie in een kleine koekenpan op middelhoog vuur.

Fruit de sjalotjes tot ze zacht zijn, ongeveer 5 minuten.

Voeg balsamicoazijn toe en kook tot het glazuur vermindert, ongeveer 5 minuten.

Voeg tijm toe aan balsamicoglazuur en giet over spruiten.

Franse pastinaaksoep

2 eetlepels extra vergine olijfolie

1 kleine rode ui, gesnipperd

1 grote pastinaak, geschild en in dunne plakjes gesneden

1 rib bleekselderij, dun gesneden

1/2 theelepel gedroogde dragon

2 kopjes groentebouillon

1/4 kopje wijnazijn

Verhit olie op middelhoog vuur.

Fruit de rode ui in ongeveer 5 minuten zacht.

Voeg langzaam de pastinaak, bleekselderij en dragon toe

Laat nog 5 minuten koken of tot de wortels gaar zijn.

Voeg groentebouillon en azijn toe.

Breng aan de kook en laat sudderen.

Kook nog eens 15 minuten.

Soep van rode ui en pastinaak

2 eetlepels extra vergine olijfolie

3 grote rode uien, gesnipperd

1 kleine pastinaak, geschild en in dunne plakjes gesneden

1 rib bleekselderij, dun gesneden

1/2 theelepel gedroogde dragon

2 kopjes groentebouillon

1/4 kopje wijnazijn

Verhit olie op middelhoog vuur.

Fruit de rode ui in ongeveer 5 minuten zacht.

Voeg langzaam de pastinaak, bleekselderij en dragon toe

Laat nog 5 minuten koken of tot de wortels gaar zijn.

Voeg groentebouillon en azijn toe.

Breng aan de kook en laat sudderen.

Kook nog eens 15 minuten.

wortel pesto soep

2 eetlepels extra vergine olijfolie

1 kleine rode ui, gesnipperd

1 kleine wortel, geschild en in dunne plakjes gesneden

1 kleine pastinaak, geschild en in dunne plakjes gesneden

1/2 theelepel gedroogde Italiaanse kruiden

1 kopje groentebouillon

1 kopje groentebouillon

2 lepels. pesto

1/4 kopje wijnazijn

Verhit olie op middelhoog vuur.

Fruit de rode ui in ongeveer 5 minuten zacht.

Voeg langzaam wortelen, pastinaak en Italiaanse kruiden toe

Laat nog 5 minuten koken of tot de wortels gaar zijn.

Voeg groentebouillon, bouillon, pesto en azijn toe.

Breng aan de kook en laat sudderen.

Kook nog eens 15 minuten.

Soep van tomaat en citroengras

2 eetlepels olijfolie

1 kleine rode ui, gesnipperd

1 kleine wortel, geschild en in dunne plakjes gesneden

2 grote tomaten, in dunne plakjes

1/2 theelepel gehakte gember

2 takjes citroengras

2 kopjes groentebouillon

2 lepels. azijn

Verhit olie op middelhoog vuur.

Fruit de rode ui in ongeveer 5 minuten zacht.

Voeg langzaam wortels, gehakte gember, tomaten en citroengras toe.

Laat nog 5 minuten koken of tot de wortels gaar zijn.

Voeg groentebouillon en azijn toe.

Breng aan de kook en laat sudderen.

Kook nog eens 15 minuten.

Chinese raapsoep

2 eetlepels sesamolie

1 kleine rode ui, gesnipperd

1 grote raap, geschild en in dunne plakjes gesneden

2 theelepels chili-knoflookpasta

1/2 theelepel gehakte gember

2 kopjes groentebouillon

2 lepels. droge sherry

2 lepels. gedestilleerde witte azijn

1 theelepel sojasaus

Verhit olie op middelhoog vuur.

Fruit de rode ui in ongeveer 5 minuten zacht.

Voeg langzaam de raap, gehakte gember, sojasaus en chili-knoflookpasta toe.

Laat nog 5 minuten koken of tot de wortels gaar zijn.

Voeg groentebouillon, droge sherry en azijn toe.

Breng aan de kook en laat sudderen.

Kook nog eens 15 minuten.

Soep van gebakken aardappelen en kikkererwten

ingrediënten

2 kopjes krieltjes

3 eetlepels extra vierge olijfolie, verdeeld

2 ¼ kopjes cherrytomaatjes

2 kopjes 1-inch gesneden verse sperziebonen

6 teentjes gehakte knoflook

2 theelepels gedroogde basilicum

1 theelepel koosjer vlokken zout

1 blik (15 ons) kikkererwten, uitgelekt en afgespoeld

2 theelepels extra vierge olijfolie of naar smaak (optioneel)

Zeezout

zwarte peper naar smaak

Verwarm de oven voor op 425 graden F (220 graden C).

Bekleed een bakplaat met aluminiumfolie.

Combineer aardappelen met 1 eetlepel olijfolie in een middelgrote kom.

Giet in de bakplaat.

Rooster in de oven tot ze zacht zijn, ongeveer 30 minuten.

Combineer cherrytomaatjes, sperziebonen, knoflook, basilicum en zeezout met 2 eetlepels olijfolie.

Haal de aardappelen uit de oven.

Duw ze naar de zijkant van de pan.

Voeg het mengsel van cherrytomaatjes en sperziebonen toe.

Rooster tot de tomaten beginnen te verwelken, ongeveer 18 min.

Haal uit de oven en giet op een bord.

Voeg de kikkererwten toe, 2 theelepels olijfolie en breng op smaak met zout en peper.

Geroosterde Soep Van Zoete Aardappel En Bonen

ingrediënten

2 kopjes zoete aardappelen

3 eetlepels extra vierge olijfolie, verdeeld

2 ¼ kopjes cherrytomaatjes

2 kopjes 1-inch gesneden verse sperziebonen

8 teentjes gehakte knoflook

2 theelepels gedroogde basilicum

1 theelepel zeezout

1 blik (15 ons) bonen, uitgelekt en afgespoeld

2 theelepels extra vierge olijfolie of naar smaak (optioneel)

Zeezout

Regenboogpeperkorrels naar smaak, fijngemalen

Verwarm de oven voor op 425 graden F (220 graden C).

Bekleed een bakplaat met aluminiumfolie.

Combineer zoete aardappelen met 1 eetlepel olijfolie in een middelgrote kom.

Giet in de bakplaat.

Rooster in de oven tot ze zacht zijn, ongeveer 30 minuten.

Combineer cherrytomaatjes, sperziebonen, knoflook, basilicum en zeezout met 2 eetlepels olijfolie.

Haal de aardappelen uit de oven.

Duw ze naar de zijkant van de pan.

Voeg het mengsel van cherrytomaatjes en sperziebonen toe.

Rooster tot de tomaten beginnen te verwelken, ongeveer 18 min.

Haal uit de oven en giet op een bord.

Voeg de bonen toe, 2 theelepels olijfolie en breng op smaak met zeezout en regenboogpeperkorrels.

Franse Aardappel-Kikkererwtensoep

ingrediënten

2 kopjes krieltjes

3 eetlepels extra vierge olijfolie, verdeeld

2 ¼ kopjes Roma-tomaten

2 kopjes 1-inch gesneden verse sperziebonen

9 fijngehakte teentjes knoflook

2 theelepels Provençaalse kruiden

1 theelepel zeezout

1 blik (15 ons) kikkererwten, uitgelekt en afgespoeld

2 theelepels extra vierge olijfolie of naar smaak (optioneel)

Zeezout

zwarte peper naar smaak

Verwarm de oven voor op 425 graden F (220 graden C).

Bekleed een bakplaat met aluminiumfolie.

Combineer aardappelen met 1 eetlepel olijfolie in een middelgrote kom.

Giet in de bakplaat.

Rooster in de oven tot ze zacht zijn, ongeveer 30 minuten.

Combineer de kerstomaatjes, sperziebonen, knoflook, Provençaalse kruiden en zeezout met 2 eetlepels olijfolie.

Haal de aardappelen uit de oven.

Duw ze naar de zijkant van de pan.

Voeg het mengsel van cherrytomaatjes en sperziebonen toe.

Rooster tot de tomaten beginnen te verwelken, ongeveer 18 min.

Haal uit de oven en giet op een bord.

Voeg de kikkererwten toe, 2 theelepels olijfolie en breng op smaak met zout en peper.

Pittige tomaten-aardappelsoep

ingrediënten

2 kopjes zoete aardappelen

3 eetlepels sesamolie, verdeeld

2 ¼ kopjes cherrytomaatjes

2 kopjes 1-inch gesneden verse sperziebonen

9 fijngehakte teentjes knoflook

2 theelepels cayennepeper

1 theelepel zeezout

1 blik (15 ons) zwarte bonen, uitgelekt en afgespoeld

2 theelepels sesamolie of naar smaak (optioneel)

Zeezout

zwarte peper naar smaak

Verwarm de oven voor op 425 graden F (220 graden C).

Bekleed een bakplaat met aluminiumfolie.

Combineer zoete aardappelen met 1 eetlepel sesamolie in een middelgrote kom.

Giet in de bakplaat.

Rooster in de oven tot ze zacht zijn, ongeveer 30 minuten.

Combineer de kerstomaatjes, sperziebonen, knoflook, cayennepeper en zeezout met 2 eetlepels sesamolie.

Haal de aardappelen uit de oven.

Duw ze naar de zijkant van de pan.

Voeg het mengsel van cherrytomaatjes en sperziebonen toe.

Rooster tot de tomaten beginnen te verwelken, ongeveer 18 min.

Haal uit de oven en giet op een bord.

Voeg de zwarte bonen, 2 theelepels sesamolie toe en breng op smaak met zout en peper.

Bloemkool en gebakken tomaten

ingrediënten

bak spray

1 eetlepel extra vergine olijfolie

3 teentjes fijngehakte knoflook

1/2 theelepel zeezout

1/4 theelepel gemalen zwarte peper

3 1/2 kopjes gesneden bloemkool

2 1/2 kopjes cherrytomaatjes

1 blik (15 ons) kikkererwten, uitgelekt

1 limoen, in plakjes

1 eetlepel vers gehakte koriander

Verwarm de oven voor op 450 graden F.

Bekleed een bakplaat met aluminiumfolie en bestrijk met olijfolie.

Meng olijfolie, knoflook, zout en peper in een kom.

Voeg de bloemkool, tomaten en kikkererwten toe.

Meng tot goed bedekt.

Spreid ze in een enkele laag uit op de bakplaat.

Voeg de schijfjes citroen toe.

Bak in de oven tot de groenten karameliseren, ongeveer 25 minuten.

Verwijder de partjes citroen en bestrooi met koriander.

Bloemkool en knoflook gerookt in de oven

ingrediënten

bak spray

1 eetlepel extra vergine olijfolie

3 teentjes fijngehakte knoflook

1/2 theelepel zeezout

1/4 theelepel gemalen zwarte peper

½ theelepel komijn

½ theelepel achiote zaden

3 1/2 kopjes gesneden bloemkool

1 limoen, in plakjes

1 eetlepel vers gehakte koriander

Verwarm de oven voor op 450 graden F.

Bekleed een bakplaat met aluminiumfolie en bestrijk met olijfolie.

Meng olijfolie, knoflook, komijn, achiote zaden, zout en peper in een kom.

Voeg de bloemkool, wortels en broccoli toe.

Meng tot goed bedekt.

Spreid ze in een enkele laag uit op de bakplaat.

Voeg de schijfjes citroen toe.

Bak in de oven tot de groenten karameliseren, ongeveer 25 minuten.

Verwijder de partjes citroen en bestrooi met koriander.

Broccoli en gebakken bloemkool

ingrediënten

bak spray

1 eetlepel sesamolie

3 teentjes fijngehakte knoflook

1/2 theelepel zeezout

1/4 theelepel gemalen zwarte peper

3 1/2 kopjes gesneden bloemkool

2 1/2 kopjes gesneden broccoli

1 eetlepel vers gehakte koriander

Verwarm de oven voor op 450 graden F.

Bekleed een bakplaat met aluminiumfolie en bestrijk met olijfolie.

Meng sesamolie, knoflook, zout en peper in een kom.

Voeg de bloemkool en broccoli toe.

Meng tot goed bedekt.

Spreid ze in een enkele laag uit op de bakplaat.

Bak in de oven tot de groenten karameliseren, ongeveer 25 minuten.

Werk af met koriander.

Gebakken kikkererwten en broccoli

ingrediënten

bak spray

1 eetlepel extra vergine olijfolie

3 teentjes fijngehakte knoflook

1/2 theelepel zeezout

1/4 theelepel gemalen zwarte peper

3 1/2 kopjes gesneden bloemkool

2 1/2 kopjes broccoli met kersen

1 blik (15 ons) kikkererwten, uitgelekt

1 theelepel komijn

1 theelepel gedroogde achiotezaden

1 eetlepel vers gehakte koriander

Verwarm de oven voor op 450 graden F.

Bekleed een bakplaat met aluminiumfolie en bestrijk met olijfolie.

Meng olijfolie, knoflook, zout en peper in een kom.

Voeg de bloemkool, broccoli en kikkererwten toe.

Meng tot goed bedekt.

Spreid ze in een enkele laag uit op de bakplaat.

Breng op smaak met komijn. Karwijzaad en meer zout indien nodig.

Bak in de oven tot de groenten karameliseren, ongeveer 25 minuten.

Verwijder de partjes citroen en bestrooi met koriander.

Geroosterde kerstomaatjes en kikkererwten

ingrediënten

bak spray

1 eetlepel gesmolten veganistische boter/margarine

9 fijngehakte teentjes knoflook

1/2 theelepel zeezout

1/4 theelepel gemalen zwarte peper

1 1/2 kopjes gesneden bloemkool

3 1/2 kopjes cherrytomaatjes

1 blik (15 ons) kikkererwten, uitgelekt

1 citroen in plakjes gesneden

Verwarm de oven voor op 450 graden F.

Bekleed een bakplaat met folie en bestrijk met gesmolten vegan boter of margarine.

Meng olijfolie, knoflook, zout en peper in een kom.

Voeg de bloemkool, tomaten en kikkererwten toe.

Meng tot goed bedekt.

Spreid ze in een enkele laag uit op de bakplaat.

Voeg de schijfjes citroen toe.

Bak in de oven tot de groenten karameliseren, ongeveer 25 minuten.

Verwijder de schijfjes citroen.

Kikkererwten met vegan Italiaanse boter

ingrediënten

bak spray

1 eetlepel gesmolten veganistische boter/margarine

8 teentjes gehakte knoflook

1/2 theelepel zeezout

1/4 theelepel Italiaanse kruiden

3 1/2 kopjes gesneden bloemkool

2 1/2 kopjes cherrytomaatjes

1 blik (15 ons) kikkererwten, uitgelekt

1 limoen, in plakjes

¼ kopje groene olijven

Verwarm de oven voor op 450 graden F.

Bekleed een bakplaat met aluminiumfolie en bestrijk met olijfolie.

Meng de olijfolie, knoflook, zout en Italiaanse kruiden in een kom.

Voeg de bloemkool, groene olijven, tomaten en kikkererwten toe.

Meng tot goed bedekt.

Spreid ze in een enkele laag uit op de bakplaat.

Voeg de schijfjes citroen toe.

Bak in de oven tot de groenten karameliseren, ongeveer 25 minuten.

Verwijder de partjes citroen en bestrooi met koriander.

Geroosterde Spruitjes

ingrediënten

bak spray

1 eetlepel extra vergine olijfolie

8 teentjes gehakte knoflook

1/2 theelepel zeezout

1/4 theelepel regenboogpeperkorrels

3 1/2 kopjes gesneden bloemkool

2 1/2 kopjes gesneden spruitjes

1 limoen, in plakjes

1 eetlepel vers gehakte koriander

Verwarm de oven voor op 450 graden F.

Bekleed een bakplaat met aluminiumfolie en bestrijk met olijfolie.

Meng olijfolie, knoflook, zout en peper in een kom.

Voeg de bloemkool en spruitjes toe.

Meng tot goed bedekt.

Spreid ze in een enkele laag uit op de bakplaat.

Voeg de schijfjes citroen toe.

Bak in de oven tot de groenten karameliseren, ongeveer 25 minuten.

Verwijder de partjes citroen en bestrooi met koriander.

Gebakken bloemkool en champignons

ingrediënten

bak spray

1 eetlepel sesamolie

3 teentjes fijngehakte knoflook

1/2 theelepel zeezout

1/4 theelepel gemalen zwarte peper

3 1/2 kopjes gesneden bloemkool

2 1/2 kopjes gesneden champignons

1 eetlepel vers gehakte koriander

Verwarm de oven voor op 450 graden F.

Bekleed een bakplaat met folie en bestrijk met sesamolie.

Meng olijfolie, knoflook, zout en peper in een kom.

Voeg de bloemkool en champignons toe.

Meng tot goed bedekt.

Spreid ze in een enkele laag uit op de bakplaat.

Voeg de schijfjes citroen toe.

Bak in de oven tot de groenten karameliseren, ongeveer 25 minuten.

Verwijder de partjes citroen en bestrooi met koriander.

Pittige zwarte bonen en geroosterde tomaten

ingrediënten

bak spray

1 eetlepel sesamolie

3 teentjes fijngehakte knoflook

1/2 theelepel zeezout

1 lepel. Thaise chilipasta

1/4 theelepel gemalen zwarte peper

3 1/2 kopjes gesneden bloemkool

2 1/2 kopjes cherrytomaatjes

1 blik (15 ons) zwarte bonen, uitgelekt

1 limoen, in plakjes

1 eetlepel vers gehakte koriander

Verwarm de oven voor op 450 graden F.

Bekleed een bakplaat met folie en bestrijk met sesamolie.

Meng olijfolie, knoflook, zout, Thaise chilipasta en peper in een kom.

Voeg de bloemkool, tomaten en zwarte bonen toe.

Meng tot goed bedekt.

Spreid ze in een enkele laag uit op de bakplaat.

Voeg de schijfjes citroen toe.

Bak in de oven tot de groenten karameliseren, ongeveer 25 minuten.

Verwijder de partjes citroen en bestrooi met koriander.

Eenvoudige geroosterde bloemkool

ingrediënten

bak spray

1 eetlepel extra vergine olijfolie

3 teentjes fijngehakte knoflook

1/2 theelepel zeezout

1/4 theelepel gemalen zwarte peper

3 1/2 kopjes gesneden bloemkool

2 1/2 kopjes cherrytomaatjes

1 eetlepel vers gehakte tijm

Verwarm de oven voor op 450 graden F.

Bekleed een bakplaat met aluminiumfolie en bestrijk met olijfolie.

Meng olijfolie, knoflook, zout en peper in een kom.

Voeg de bloemkool en tomaten toe.

Meng tot goed bedekt.

Spreid ze in een enkele laag uit op de bakplaat.

Bak in de oven tot de groenten karameliseren, ongeveer 25 minuten.

Werk af met tijm.

Eenvoudige geroosterde broccoli en tomaten

ingrediënten

bak spray

1 eetlepel extra vergine olijfolie

3 teentjes fijngehakte knoflook

1/2 theelepel zeezout

1/4 theelepel gemalen zwarte peper

3 1/2 kopjes gesneden broccoli

2 1/2 kopjes cherrytomaatjes

1 eetlepel vers gehakte tijm

Verwarm de oven voor op 450 graden F.

Bekleed een bakplaat met aluminiumfolie en bestrijk met olijfolie.

Meng olijfolie, knoflook, zout en peper in een kom.

Voeg de bloemkool en tomaten toe.

Meng tot goed bedekt.

Spreid ze in een enkele laag uit op de bakplaat.

Bak in de oven tot de groenten karameliseren, ongeveer 25 minuten.

Werk af met tijm.

Eenvoudige geroosterde appels en rode kool

bonusingrediënten

bak spray

1 eetlepel extra vergine olijfolie

1/2 theelepel zeezout

1/4 theelepel gemalen zwarte peper

Hoofdingrediënten

1 kop in blokjes gesneden Fuji-appels

1/2 middelgrote rode kool, dun gesneden

Verwarm de oven voor op 450 graden F.

Bekleed een bakplaat met aluminiumfolie en bestrijk met olijfolie.

Meng de extra ingrediënten goed.

Voeg de belangrijkste ingrediënten toe

Meng tot goed bedekt.

Spreid ze in een enkele laag uit op de bakplaat.

Bak in de oven tot de groenten karameliseren, ongeveer 25 minuten.

spinazie en geroosterde kersen

bonusingrediënten

bak spray

1 eetlepel extra vergine olijfolie

1/2 theelepel zeezout

1/4 theelepel gemalen zwarte peper

Hoofdingrediënten

1/4 kopje kersen

1 bosje spinazie, afgespoeld en uitgelekt

Verwarm de oven voor op 450 graden F.

Bekleed een bakplaat met aluminiumfolie en bestrijk met olijfolie.

Meng de extra ingrediënten goed.

Voeg de belangrijkste ingrediënten toe

Meng tot goed bedekt.

Spreid ze in een enkele laag uit op de bakplaat.

Bak in de oven tot de groenten karameliseren, ongeveer 25 minuten.

Geroosterde boerenkool en artisjokharten

bonusingrediënten

bak spray

1 eetlepel extra vergine olijfolie

1/2 theelepel zeezout

1/4 theelepel gemalen zwarte peper

Hoofdingrediënten

1 bosje boerenkool, afgespoeld en uitgelekt

1 kop ingeblikte artisjokharten

Verwarm de oven voor op 450 graden F.

Bekleed een bakplaat met aluminiumfolie en bestrijk met olijfolie.

Meng de extra ingrediënten goed.

Voeg de belangrijkste ingrediënten toe

Meng tot goed bedekt.

Spreid ze in een enkele laag uit op de bakplaat.

Bak in de oven tot de groenten karameliseren, ongeveer 25 minuten.

Geroosterde Napa Kool en Wortelen

bonusingrediënten

bak spray

1 eetlepel extra vergine olijfolie

1/2 theelepel zeezout

1/4 theelepel gemalen zwarte peper

Hoofdingrediënten

1/2 middelgrote Napa-kool, in dunne plakjes gesneden

5 baby worteltjes

Verwarm de oven voor op 450 graden F.

Bekleed een bakplaat met aluminiumfolie en bestrijk met olijfolie.

Meng de extra ingrediënten goed.

Voeg de belangrijkste ingrediënten toe

Meng tot goed bedekt.

Spreid ze in een enkele laag uit op de bakplaat.

Bak in de oven tot de groenten karameliseren, ongeveer 25 minuten.

Geroosterde Wortelen En Waterkers

bonusingrediënten

bak spray

1 eetlepel extra vergine olijfolie

1/2 theelepel zeezout

1/4 theelepel gemalen zwarte peper

Hoofdingrediënten

5 baby worteltjes

1 bosje waterkers, afgespoeld en uitgelekt

Verwarm de oven voor op 450 graden F.

Bekleed een bakplaat met aluminiumfolie en bestrijk met olijfolie.

Meng de extra ingrediënten goed.

Voeg de belangrijkste ingrediënten toe

Meng tot goed bedekt.

Spreid ze in een enkele laag uit op de bakplaat.

Bak in de oven tot de groenten karameliseren, ongeveer 25 minuten.

Artisjokhart met eenvoudige geroosterde kool en rode kool

bonusingrediënten

bak spray

1 eetlepel extra vergine olijfolie

1/2 theelepel zeezout

1/4 theelepel gemalen zwarte peper

Hoofdingrediënten

1 bosje boerenkool, afgespoeld en uitgelekt

1 kop ingeblikte artisjokharten

1/2 middelgrote rode kool, dun gesneden

Verwarm de oven voor op 450 graden F.

Bekleed een bakplaat met aluminiumfolie en bestrijk met olijfolie.

Meng de extra ingrediënten goed.

Voeg de belangrijkste ingrediënten toe

Meng tot goed bedekt.

Spreid ze in een enkele laag uit op de bakplaat.

Bak in de oven tot de groenten karameliseren, ongeveer 25 minuten.

Geroosterde Napa Kool Wortelen En Spinazie

bonusingrediënten

bak spray

1 eetlepel extra vergine olijfolie

1/2 theelepel zeezout

1/4 theelepel gemalen zwarte peper

Hoofdingrediënten

1/2 middelgrote Napa-kool, in dunne plakjes gesneden

5 baby worteltjes

1 bosje spinazie, afgespoeld en uitgelekt

Verwarm de oven voor op 450 graden F.

Bekleed een bakplaat met aluminiumfolie en bestrijk met olijfolie.

Meng de extra ingrediënten goed.

Voeg de belangrijkste ingrediënten toe

Meng tot goed bedekt.

Spreid ze in een enkele laag uit op de bakplaat.

Bak in de oven tot de groenten karameliseren, ongeveer 25 minuten.

Geroosterde Spinazie En Wortel Waterkers

bonusingrediënten

bak spray

1 eetlepel extra vergine olijfolie

1/2 theelepel zeezout

1/4 theelepel gemalen zwarte peper

Hoofdingrediënten

5 baby worteltjes

1 bosje spinazie, afgespoeld en uitgelekt

1 bosje waterkers, afgespoeld en uitgelekt

Verwarm de oven voor op 450 graden F.

Bekleed een bakplaat met aluminiumfolie en bestrijk met olijfolie.

Meng de extra ingrediënten goed.

Voeg de belangrijkste ingrediënten toe

Meng tot goed bedekt.

Spreid ze in een enkele laag uit op de bakplaat.

Bak in de oven tot de groenten karameliseren, ongeveer 25 minuten.

Geroosterde artisjokharten en rode kool

bonusingrediënten

bak spray

1 eetlepel extra vergine olijfolie

1/2 theelepel zeezout

1/4 theelepel gemalen zwarte peper

Hoofdingrediënten

1/2 middelgrote rode kool, dun gesneden

1 kop ingeblikte artisjokharten

Verwarm de oven voor op 450 graden F.

Bekleed een bakplaat met aluminiumfolie en bestrijk met olijfolie.

Meng de extra ingrediënten goed.

Voeg de belangrijkste ingrediënten toe

Meng tot goed bedekt.

Spreid ze in een enkele laag uit op de bakplaat.

Bak in de oven tot de groenten karameliseren, ongeveer 25 minuten.

Geroosterde Boerenkool en Rode Kool

bonusingrediënten

bak spray

1 eetlepel extra vergine olijfolie

1/2 theelepel zeezout

1/4 theelepel gemalen zwarte peper

Hoofdingrediënten

1 bosje boerenkool, afgespoeld en uitgelekt

1/2 middelgrote rode kool, dun gesneden

Verwarm de oven voor op 450 graden F.

Bekleed een bakplaat met aluminiumfolie en bestrijk met olijfolie.

Meng de extra ingrediënten goed.

Voeg de belangrijkste ingrediënten toe

Meng tot goed bedekt.

Spreid ze in een enkele laag uit op de bakplaat.

Bak in de oven tot de groenten karameliseren, ongeveer 25 minuten.

Geroosterde Napa Kool en Boerenkool

bonusingrediënten

bak spray

1 eetlepel extra vergine olijfolie

1/2 theelepel zeezout

1/4 theelepel gemalen zwarte peper

Hoofdingrediënten

1/2 middelgrote Napa-kool, in dunne plakjes gesneden

1 bosje boerenkool, afgespoeld en uitgelekt

Verwarm de oven voor op 450 graden F.

Bekleed een bakplaat met aluminiumfolie en bestrijk met olijfolie.

Meng de extra ingrediënten goed.

Voeg de belangrijkste ingrediënten toe

Meng tot goed bedekt.

Spreid ze in een enkele laag uit op de bakplaat.

Bak in de oven tot de groenten karameliseren, ongeveer 25 minuten.

Geroosterde Bonen En Pompoen

ingrediënten

2 blikken (15 ons) boterbonen, gespoeld en uitgelekt

1/2 pompoen, geschild, ontpit en in stukjes van 1 cm gesneden

1 rode ui, in blokjes gesneden

1 zoete aardappel, geschild en in blokjes van 1 cm gesneden

2 grote wortelen, in stukken van 1 inch gesneden

3 middelgrote aardappelen, in stukjes van 1 inch gesneden

3 eetlepels sesamolie

Ingrediënten kruiden

1 theelepel zout

1/2 theelepel gemalen zwarte peper

1 theelepel uienpoeder

2 theelepels knoflookpoeder

1 theelepel gemalen venkelzaad

1 theelepel droge en gewreven salie

Ingrediënten voor de garnering

2 groene uien, gehakt (optioneel)

Verwarm de oven voor op 350 graden F.

Vet de bakplaat in.

Combineer kikkererwten, courgette, ui, zoete aardappel, wortel en rode aardappel in de voorbereide pan.

Besprenkel met olie en gooi om te coaten.

Combineer kruideningrediënten in een kom.

Strooi over de groenten in de pan en schep om met de kruiden.

Bak 25 minuten in de oven.

Roer regelmatig tot de groenten zacht en lichtbruin zijn en de kikkererwten knapperig zijn, ongeveer 20 tot 25 minuten langer.

Breng op smaak met meer zout en zwarte peper naar smaak, bestrooi met lente-uitjes voor het opdienen.

Geroosterde zwarte bonen en pompoen

ingrediënten

2 blikken (15 ons) zwarte bonen, gespoeld en uitgelekt

1/2 pompoen, geschild, ontpit en in stukjes van 1 cm gesneden

1 rode ui, in blokjes gesneden

1 zoete aardappel, geschild en in blokjes van 1 cm gesneden

2 grote wortelen, in stukken van 1 inch gesneden

3 middelgrote aardappelen, in stukjes van 1 inch gesneden

3 eetlepels extra vergine olie

Ingrediënten kruiden

1 theelepel zout

1/2 theelepel gemalen zwarte peper

1 theelepel uienpoeder

2 theelepels knoflookpoeder

1 theelepel komijn

1 theelepel chilipoeder

Ingrediënten voor de garnering

2 groene uien, gehakt (optioneel)

Verwarm de oven voor op 350 graden F.

Vet de bakplaat in.

Combineer de zwarte bonen, courgette, uien, zoete aardappelen, wortelen en rode aardappelen op de voorbereide bakplaat.

Besprenkel met olie en gooi om te coaten.

Combineer kruideningrediënten in een kom.

Strooi over de groenten in de pan en schep om met de kruiden.

Bak 25 minuten in de oven.

Roer regelmatig tot de groenten zacht en lichtbruin zijn en de kikkererwten knapperig zijn, ongeveer 20 tot 25 minuten langer.

Breng op smaak met meer zout en zwarte peper naar smaak, bestrooi met lente-uitjes voor het opdienen.

Gebakken Bonen En Aardappelen

ingrediënten

2 blikken (15 ons) bonen, gespoeld en uitgelekt

1/2 pompoen, geschild, ontpit en in stukjes van 1 cm gesneden

1 rode ui, in blokjes gesneden

1 zoete aardappel, geschild en in blokjes van 1 cm gesneden

2 grote wortelen, in stukken van 1 inch gesneden

3 middelgrote aardappelen, in stukjes van 1 inch gesneden

4 eetlepels extra vergine olie

Ingrediënten kruiden

1 theelepel zout

1/2 theelepel gemalen zwarte peper

1 theelepel uienpoeder

1 theelepel gedroogde basilicum

1 theelepel Italiaanse kruiden

Ingrediënten voor de garnering

2 groene uien, gehakt (optioneel)

Verwarm de oven voor op 350 graden F.

Vet de bakplaat in.

Combineer bonen, courgette, ui, zoete aardappel, wortel en rode aardappel in de voorbereide pan.

Besprenkel met olie en gooi om te coaten.

Combineer kruideningrediënten in een kom.

Strooi over de groenten in de pan en schep om met de kruiden.

Bak 25 minuten in de oven.

Roer regelmatig tot de groenten zacht en lichtbruin zijn en de kikkererwten knapperig zijn, ongeveer 20 tot 25 minuten langer.

Breng op smaak met meer zout en zwarte peper naar smaak, bestrooi met lente-uitjes voor het opdienen.

Gebakken aardappelen en pastinaken

Hoofdingrediënten

2 blikken (15 ons) Great Northern Beans, gespoeld en uitgelekt

1/2 pompoen, geschild, ontpit en in stukjes van 1 cm gesneden

1 gele ui, in blokjes gesneden

1 aardappel, geschild en in blokjes van 1 cm gesneden

2 grote pastinaken, in stukken van 1 inch gesneden

3 middelgrote aardappelen, in stukjes van 1 inch gesneden

3 eetlepels extra vergine olijfolie

Ingrediënten kruiden

1 theelepel zeezout

1/2 theelepel gemalen regenboogpeperkorrels

1 theelepel uienpoeder

2 theelepels knoflookpoeder

1 theelepel gemalen venkelzaad

1 theelepel droge en gewreven salie

Ingrediënten voor de garnering

2 groene uien, gehakt (optioneel)

Verwarm de oven voor op 350 graden F.

Vet de bakplaat in.

Combineer de hoofdingrediënten op de voorbereide bakplaat.

Besprenkel met olie en gooi om te coaten.

Combineer kruideningrediënten in een kom.

Strooi over de groenten in de pan en schep om met de kruiden.

Bak 25 minuten in de oven.

Roer regelmatig tot de groenten zacht en lichtbruin zijn en de kikkererwten knapperig zijn, ongeveer 20 tot 25 minuten langer.

Breng op smaak met meer zout en zwarte peper naar smaak, bestrooi met lente-uitjes voor het opdienen.

Geroosterde Oosterse Bonen En Pompoen

ingrediënten

2 blikken (15 ons) champignons, in plakjes gesneden en uitgelekt

1/2 pompoen, geschild, ontpit en in stukjes van 1 cm gesneden

1 rode ui, in blokjes gesneden

1 aardappel, geschild en in blokjes van 1 cm gesneden

2 grote wortelen, in stukken van 1 inch gesneden

3 middelgrote aardappelen, in stukjes van 1 inch gesneden

3 eetlepels sesamolie

Ingrediënten kruiden

1 theelepel zout

1/2 theelepel gemalen zwarte peper

1 theelepel uienpoeder

2 theelepels knoflookpoeder

1 theelepel Sichuan-peperkorrels

1 theelepel Chinees vijfkruidenpoeder

Ingrediënten voor de garnering

2 groene uien, gehakt (optioneel)

Verwarm de oven voor op 350 graden F.

Vet de bakplaat in.

Combineer de hoofdingrediënten op de voorbereide bakplaat.

Besprenkel met olie en gooi om te coaten.

Combineer kruideningrediënten in een kom.

Strooi over de groenten in de pan en schep om met de kruiden.

Bak 25 minuten in de oven.

Roer regelmatig tot de groenten zacht en lichtbruin zijn en de kikkererwten knapperig zijn, ongeveer 20 tot 25 minuten langer.

Breng op smaak met meer zout en zwarte peper naar smaak, bestrooi met lente-uitjes voor het opdienen.

Gerookte bonen en aardappelen

ingrediënten

2 blikken (15 ons) bonen, gespoeld en uitgelekt

1/2 pompoen, geschild, ontpit en in stukjes van 1 cm gesneden

1 rode ui, in blokjes gesneden

1 zoete aardappel, geschild en in blokjes van 1 cm gesneden

2 grote wortelen, in stukken van 1 inch gesneden

3 middelgrote aardappelen, in stukjes van 1 inch gesneden

3 eetlepels sesamolie

Ingrediënten kruiden

1 theelepel zout

1/2 theelepel gemalen zwarte peper

1 theelepel uienpoeder

2 theelepels knoflookpoeder

1 theelepel gemalen achiotezaden

1 theelepel komijn

½ theelepel cayennepeper

Ingrediënten voor de garnering

2 gehakte koriander (optioneel)

Verwarm de oven voor op 350 graden F.

Vet de bakplaat in.

Combineer de hoofdingrediënten op de voorbereide bakplaat.

Besprenkel met olie en gooi om te coaten.

Combineer kruideningrediënten in een kom.

Strooi over de groenten in de pan en schep om met de kruiden.

Bak 25 minuten in de oven.

Roer regelmatig tot de groenten zacht en lichtbruin zijn en de kikkererwten knapperig zijn, ongeveer 20 tot 25 minuten langer.

Breng op smaak met meer zout en zwarte peper, bestrooi met koriander voor het opdienen.

Champignons en gebakken aardappelen

ingrediënten

2 blikken (15 ons) champignons, gespoeld en uitgelekt

1/2 pompoen, geschild, ontpit en in stukjes van 1 cm gesneden

1 rode ui, in blokjes gesneden

1 zoete aardappel, geschild en in blokjes van 1 cm gesneden

2 grote wortelen, in stukken van 1 inch gesneden

3 middelgrote aardappelen, in stukjes van 1 inch gesneden

3 eetlepels margarine-olie/veganboter

Ingrediënten kruiden

1 theelepel zout

1/2 theelepel gemalen zwarte peper

1 theelepel uienpoeder

2 theelepels knoflookpoeder

1 theelepel Provençaalse kruiden

Ingrediënten voor de garnering

2 takjes tijm, gehakt (optioneel)

Verwarm de oven voor op 350 graden F.

Vet de bakplaat in.

Combineer de hoofdingrediënten op de voorbereide bakplaat.

Besprenkel met gesmolten veganistische boter of margarine en meng.

Combineer kruideningrediënten in een kom.

Strooi over de groenten in de pan en schep om met de kruiden.

Bak 25 minuten in de oven.

Roer regelmatig tot de groenten zacht en lichtbruin zijn en de kikkererwten knapperig zijn, ongeveer 20 tot 25 minuten langer.

Breng op smaak met meer zout en zwarte peper, bestrooi met tijm voor het opdienen.

Gebakken aardappelen en zoete aardappelen

ingrediënten

¼ kopje kappertjes

½ kopje olijven

1/2 pompoen, geschild, ontpit en in stukjes van 1 cm gesneden

1 rode ui, in blokjes gesneden

1 zoete aardappel, geschild en in blokjes van 1 cm gesneden

2 grote wortelen, in stukken van 1 inch gesneden

3 middelgrote aardappelen, in stukjes van 1 inch gesneden

3 eetlepels sesamolie

Ingrediënten kruiden

1/2 theelepel zeezout

1/2 theelepel gemalen zwarte peper

1 theelepel uienpoeder

2 theelepels knoflookpoeder

1 theelepel gemalen venkelzaad

1 theelepel droge en gewreven salie

Ingrediënten voor de garnering

2 groene uien, gehakt (optioneel)

Verwarm de oven voor op 350 graden F.

Vet de bakplaat in.

Combineer de hoofdingrediënten op de voorbereide bakplaat.

Besprenkel met olie en gooi om te coaten.

Combineer kruideningrediënten in een kom.

Strooi over de groenten in de pan en schep om met de kruiden.

Bak 25 minuten in de oven.

Roer regelmatig tot de groenten zacht en lichtbruin zijn en de kikkererwten knapperig zijn, ongeveer 20 tot 25 minuten langer.

Breng op smaak met meer zout en zwarte peper naar smaak, bestrooi met lente-uitjes voor het opdienen.

Geroosterde Bonen En Pompoen

ingrediënten

3 middelgrote tomaten, in stukjes van 1 inch gesneden

1/2 pompoen, geschild, ontpit en in stukjes van 1 cm gesneden

1 rode ui, in blokjes gesneden

1 raap, geschild en in blokjes van 1 inch gesneden

2 grote wortelen, in stukken van 1 inch gesneden

3 middelgrote aardappelen, in stukjes van 1 inch gesneden

3 eetlepels extra vergine olijfolie

Ingrediënten kruiden

1 theelepel zout

1/2 theelepel gemalen zwarte peper

1 theelepel uienpoeder

2 theelepels knoflookpoeder

1 theelepel gedroogde tijm

Ingrediënten voor de garnering

2 takjes verse tijm, gehakt (optioneel)

Verwarm de oven voor op 350 graden F.

Vet de bakplaat in.

Combineer de hoofdingrediënten op de voorbereide bakplaat.

Besprenkel met olie en gooi om te coaten.

Combineer kruideningrediënten in een kom.

Strooi over de groenten in de pan en schep om met de kruiden.

Bak 25 minuten in de oven.

Roer regelmatig tot de groenten zacht en lichtbruin zijn en de kikkererwten knapperig zijn, ongeveer 20 tot 25 minuten langer.

Breng op smaak met meer zout en zwarte peper, bestrooi met tijm voor het opdienen.

Geroosterde Tomaten En Taugé

ingrediënten

3 grote tomaten, in stukken van 1 inch gesneden

1/2 pompoen, geschild, ontpit en in stukjes van 1 cm gesneden

1 rode ui, in blokjes gesneden

1 kopje taugé

3 grote wortelen, in stukken van 1 inch gesneden

3 eetlepels sesamolie

Ingrediënten kruiden

1 theelepel zout

1/2 theelepel gemalen zwarte peper

1 theelepel uienpoeder

2 theelepels knoflookpoeder

1 theelepel Thaise chilipasta

1 theelepel verse Thaise basilicum, gehakt

Ingrediënten voor de garnering

2 groene uien, gehakt (optioneel)

Verwarm de oven voor op 350 graden F.

Vet de bakplaat in.

Combineer de hoofdingrediënten op de voorbereide bakplaat.

Besprenkel met olie en gooi om te coaten.

Combineer kruideningrediënten in een kom.

Strooi over de groenten in de pan en schep om met de kruiden.

Bak 25 minuten in de oven.

Roer regelmatig tot de groenten zacht en lichtbruin zijn en de kikkererwten knapperig zijn, ongeveer 20 tot 25 minuten langer.

Breng op smaak met meer zout en zwarte peper naar smaak, bestrooi met lente-uitjes voor het opdienen.

Geroosterde Wortel Raap Pastinaak

Hoofdingrediënten

3 grote tomaten, in stukken van 1 inch gesneden

3 rode uien, in blokjes

1 zoete raap, geschild en in blokjes van 1 inch gesneden

2 grote wortelen, in stukken van 1 inch gesneden

3 middelgrote pastinaken, in stukjes van 1 inch gesneden

3 eetlepels extra vergine olijfolie

Ingrediënten kruiden

1 theelepel zout

1/2 theelepel gemalen zwarte peper

1 theelepel uienpoeder

2 theelepels knoflookpoeder

1 theelepel Spaanse paprika

1 theelepel komijn

Ingrediënten voor de garnering

2 takjes gehakte peterselie (optioneel)

Verwarm de oven voor op 350 graden F.

Vet de bakplaat in.

Combineer de hoofdingrediënten op de voorbereide bakplaat.

Besprenkel met olie en gooi om te coaten.

Combineer kruideningrediënten in een kom.

Strooi over de groenten in de pan en schep om met de kruiden.

Bak 25 minuten in de oven.

Roer vaak tot de groenten zacht zijn, ongeveer 20 tot 25 minuten.

Breng op smaak met meer zout en zwarte peper, bestrooi met peterselie voor het opdienen.

Geroosterde aromatische tomaten

ingrediënten

3 grote tomaten, in stukken van 1 inch gesneden

1/2 pompoen, geschild, ontpit en in stukjes van 1 cm gesneden

2 rode uien, in blokjes

1 zoete aardappel, geschild en in blokjes van 1 cm gesneden

12 kerstomaatjes, gehalveerd

3 middelgrote aardappelen, in stukjes van 1 inch gesneden

3 eetlepels extra vergine olijfolie

Ingrediënten kruiden

1 theelepel zout

1/2 theelepel gemalen zwarte peper

1 theelepel uienpoeder

2 theelepels knoflookpoeder

2 eetlepels citroengras, fijngehakt

Ingrediënten voor de garnering

2 takjes gehakte peterselie (optioneel)

Verwarm de oven voor op 350 graden F.

Vet de bakplaat in.

Combineer de hoofdingrediënten op de voorbereide bakplaat.

Besprenkel met olie en gooi om te coaten.

Combineer kruideningrediënten in een kom.

Strooi over de groenten in de pan en schep om met de kruiden.

Bak 25 minuten in de oven.

Roer regelmatig tot de groenten zacht en lichtbruin zijn en de kikkererwten knapperig zijn, ongeveer 20 tot 25 minuten langer.

Breng op smaak met meer zout en zwarte peper, bestrooi met peterselie voor het opdienen.

Geroosterde Oosterse Taugé en Broccoli

ingrediënten

1 grote broccoli, in plakjes

1 kopje taugé

1/2 pompoen, geschild, ontpit en in stukjes van 1 cm gesneden

2 rode uien, in blokjes

2 grote wortelen, in stukken van 1 inch gesneden

4 middelgrote aardappelen, in stukken van 1 inch gesneden

3 eetlepels sesamolie

Ingrediënten kruiden

1 theelepel zeezout

1/2 theelepel gemalen zwarte peper

1 theelepel uienpoeder

2 theelepels knoflookpoeder

1 theelepel Sichuan-peperkorrels

Ingrediënten voor de garnering

2 groene uien, gehakt (optioneel)

Verwarm de oven voor op 350 graden F.

Vet de bakplaat in.

Combineer de hoofdingrediënten op de voorbereide bakplaat.

Besprenkel met olie en gooi om te coaten.

Combineer kruideningrediënten in een kom.

Strooi over de groenten in de pan en schep om met de kruiden.

Bak 25 minuten in de oven.

Roer regelmatig tot de groenten zacht en lichtbruin zijn en de kikkererwten knapperig zijn, ongeveer 20 tot 25 minuten langer.

Breng op smaak met meer zout en zwarte peper naar smaak, bestrooi met lente-uitjes voor het opdienen.

Broccoli en gebakken uien

ingrediënten

1 grote broccoli, in plakjes

1 kopje taugé

1 grote rode ui, in blokjes gesneden

1 zoete aardappel, geschild en in blokjes van 1 cm gesneden

2 grote wortelen, in stukken van 1 inch gesneden

3 middelgrote aardappelen, in stukjes van 1 inch gesneden

3 eetlepels koolzaadolie

Ingrediënten kruiden

1 theelepel zout

1/2 theelepel gemalen zwarte peper

1 theelepel cayennepeper

2 theelepels knoflookpoeder

Ingrediënten voor de garnering

2 groene uien, gehakt (optioneel)

Verwarm de oven voor op 350 graden F.

Vet de bakplaat in.

Combineer de hoofdingrediënten op de voorbereide bakplaat.

Besprenkel met olie en gooi om te coaten.

Combineer kruideningrediënten in een kom.

Strooi over de groenten in de pan en schep om met de kruiden.

Bak 25 minuten in de oven.

Roer regelmatig tot de groenten zacht en lichtbruin zijn en de kikkererwten knapperig zijn, ongeveer 20 tot 25 minuten langer.

Breng op smaak met meer zout en zwarte peper naar smaak, bestrooi met lente-uitjes voor het opdienen.

Spruitjes en geroosterde taugé

ingrediënten

1 grote broccoli, in plakjes

1 kopje taugé

1 rode ui, in blokjes gesneden

8 stuks spruitjes

2 grote wortelen, in stukken van 1 inch gesneden

3 middelgrote aardappelen, in stukjes van 1 inch gesneden

3 eetlepels extra vergine olijfolie

Ingrediënten kruiden

1 theelepel zout

1/2 theelepel gemalen zwarte peper

1 theelepel uienpoeder

2 theelepels knoflookpoeder

1 theelepel gemalen venkelzaad

1 theelepel droge en gewreven salie

Ingrediënten voor de garnering

2 groene uien, gehakt (optioneel)

Verwarm de oven voor op 350 graden F.

Vet de bakplaat in.

Combineer de hoofdingrediënten op de voorbereide bakplaat.

Besprenkel met olie en gooi om te coaten.

Combineer kruideningrediënten in een kom.

Strooi over de groenten in de pan en schep om met de kruiden.

Bak 25 minuten in de oven.

Roer regelmatig tot de groenten zacht en lichtbruin zijn en de kikkererwten knapperig zijn, ongeveer 20 tot 25 minuten langer.

Breng op smaak met meer zout en zwarte peper naar smaak, bestrooi met lente-uitjes voor het opdienen.

Gebakken Bonen Met Boter En Broccoli

ingrediënten

2 blikken (15 ons) boterbonen, gespoeld en uitgelekt

1/2 pompoen, geschild, ontpit en in stukjes van 1 cm gesneden

1 rode ui, in blokjes gesneden

1 grote broccoli, in plakjes

2 grote wortelen, in stukken van 1 inch gesneden

3 middelgrote aardappelen, in stukjes van 1 inch gesneden

3 eetlepels koolzaadolie

Ingrediënten kruiden

1 theelepel zout

1/2 theelepel gemalen zwarte peper

1 theelepel uienpoeder

2 theelepels knoflookpoeder

1 theelepel Provençaalse kruiden

Ingrediënten voor de garnering

2 groene uien, gehakt (optioneel)

Verwarm de oven voor op 350 graden F.

Vet de bakplaat in.

Combineer de hoofdingrediënten op de voorbereide bakplaat.

Besprenkel met olie en gooi om te coaten.

Combineer kruideningrediënten in een kom.

Strooi over de groenten in de pan en schep om met de kruiden.

Bak 25 minuten in de oven.

Roer regelmatig tot de groenten zacht en lichtbruin zijn en de kikkererwten knapperig zijn, ongeveer 20 tot 25 minuten langer.

Breng op smaak met meer zout en zwarte peper naar smaak, bestrooi met lente-uitjes voor het opdienen.

Gebakken aardappelen met citroen en knoflook

ingrediënten

1 grote broccoli, in plakjes

1 kopje taugé

1 rode ui, in blokjes gesneden

1 zoete aardappel, geschild en in blokjes van 1 cm gesneden

2 grote wortelen, in stukken van 1 inch gesneden

3 middelgrote aardappelen, in stukjes van 1 inch gesneden

3 eetlepels vegan boter/margarine, gesmolten

Ingrediënten kruiden

1 theelepel citroenzout

1/2 theelepel gemalen zwarte peper

1 theelepel uienpoeder

2 theelepels knoflookpoeder

Ingrediënten voor de garnering

2 groene uien, gehakt (optioneel)

Verwarm de oven voor op 350 graden F.

Vet de bakplaat in.

Combineer de hoofdingrediënten op de voorbereide bakplaat.

Besprenkel met olie en gooi om te coaten.

Combineer kruideningrediënten in een kom.

Strooi over de groenten in de pan en schep om met de kruiden.

Bak 25 minuten in de oven.

Roer regelmatig tot de groenten zacht en lichtbruin zijn en de kikkererwten knapperig zijn, ongeveer 20 tot 25 minuten langer.

Breng op smaak met meer zout en zwarte peper naar smaak, bestrooi met lente-uitjes voor het opdienen.

Broccoli geroosterd met boter

ingrediënten

1 grote broccoli, in plakjes

1 kopje taugé

1 rode ui, in blokjes gesneden

1 zoete aardappel, geschild en in blokjes van 1 cm gesneden

2 grote pastinaken, in stukken van 1 inch gesneden

3 middelgrote aardappelen, in stukjes van 1 inch gesneden

3 eetlepels vegan boter/margarine, gesmolten

Ingrediënten kruiden

1 theelepel zout

1/2 theelepel regenboogpeperkorrels

1 theelepel uienpoeder

2 theelepels knoflookpoeder

1 theelepel achiotezaden

1 theelepel komijn

Ingrediënten voor de garnering

2 groene uien, gehakt (optioneel)

Verwarm de oven voor op 350 graden F.

Vet de bakplaat in.

Combineer de hoofdingrediënten op de voorbereide bakplaat.

Besprenkel met olie en gooi om te coaten.

Combineer kruideningrediënten in een kom.

Strooi over de groenten in de pan en schep om met de kruiden.

Bak 25 minuten in de oven.

Roer regelmatig tot de groenten zacht en lichtbruin zijn en de kikkererwten knapperig zijn, ongeveer 20 tot 25 minuten langer.

Breng op smaak met meer zout en zwarte peper naar smaak, bestrooi met lente-uitjes voor het opdienen.

Broccoli en geroosterde taugé

ingrediënten

1 grote broccoli, in plakjes

1 kopje taugé

1 gele ui, in blokjes gesneden

1 zoete aardappel, geschild en in blokjes van 1 cm gesneden

2 grote wortelen, in stukken van 1 inch gesneden

3 middelgrote aardappelen, in stukjes van 1 inch gesneden

3 eetlepels koolzaadolie

Ingrediënten kruiden

1 theelepel zout

1/2 theelepel gemalen zwarte peper

1 theelepel uienpoeder

2 theelepels knoflookpoeder

Ingrediënten voor de garnering

2 groene uien, gehakt (optioneel)

Verwarm de oven voor op 350 graden F.

Vet de bakplaat in.

Combineer de hoofdingrediënten op de voorbereide bakplaat.

Besprenkel met olie en gooi om te coaten.

Combineer kruideningrediënten in een kom.

Strooi over de groenten in de pan en schep om met de kruiden.

Bak 25 minuten in de oven.

Roer regelmatig tot de groenten zacht en lichtbruin zijn en de kikkererwten knapperig zijn, ongeveer 20 tot 25 minuten langer.

Breng op smaak met meer zout en zwarte peper naar smaak, bestrooi met lente-uitjes voor het opdienen.

Eenvoudig en gemakkelijk pastinaak en gebakken aardappelen

ingrediënten

1 grote broccoli, in plakjes

1 kopje taugé

1 rode ui, in blokjes gesneden

1 zoete aardappel, geschild en in blokjes van 1 cm gesneden

2 grote pastinaken, in stukken van 1 inch gesneden

3 middelgrote aardappelen, in stukjes van 1 inch gesneden

3 eetlepels macadamianotenolie

Ingrediënten kruiden

1 theelepel zout

1/2 theelepel gemalen zwarte peper

1 theelepel uienpoeder

2 theelepels knoflookpoeder

Ingrediënten voor de garnering

2 groene uien, gehakt (optioneel)

Verwarm de oven voor op 350 graden F.

Vet de bakplaat in.

Combineer de hoofdingrediënten op de voorbereide bakplaat.

Besprenkel met olie en gooi om te coaten.

Combineer kruideningrediënten in een kom.

Strooi over de groenten in de pan en schep om met de kruiden.

Bak 25 minuten in de oven.

Roer regelmatig tot de groenten zacht en lichtbruin zijn en de kikkererwten knapperig zijn, ongeveer 20 tot 25 minuten langer.

Breng op smaak met meer zout en zwarte peper naar smaak, bestrooi met lente-uitjes voor het opdienen.

Rode biet en gebakken aardappelen

ingrediënten

1 ½ kopje spruitjes, gehakt

1 kop grote aardappelstukjes

1 kopje grote stukken regenboogwortel

1 ½ kopje bloemkoolroosjes

1 kopje in blokjes gesneden rode biet

1/2 kop stukjes rode ui

2 eetlepels extra vergine olijfolie

zout en gemalen zwarte peper naar smaak

Verwarm de oven voor op 425 graden F (220 graden C).

Plaats het rooster op de op één na laagste plank van de oven.

Giet wat water met wat zout in een bakje.

Week de spruitjes 15 minuten in gezouten water en giet ze af.

Doe de overige ingrediënten bij elkaar in een kom.

Verdeel de groenten in een enkele laag over een bakplaat.

Rooster in de oven tot de groenten bruin beginnen te worden en gaar worden, ongeveer 45 minuten.

Geroosterde Wortelen En Zoete Aardappelen

ingrediënten

3/4 kopje spruitjes, gehakt

1,5 kopjes grote stukken zoete aardappelen

1,5 kopjes grote stukken regenboogwortelen

1 ½ kopje broccoliroosjes

1 kopje in blokjes gesneden rode biet

1/2 kop stukjes rode ui

2 eetlepels extra vergine olijfolie

Zeezout

gemalen zwarte peper naar smaak

Verwarm de oven voor op 425 graden F (220 graden C).

Plaats het rooster op de op één na laagste plank van de oven.

Giet wat water met wat zout in een bakje.

Week de spruitjes 15 minuten in gezouten water en giet ze af.

Doe de overige ingrediënten bij elkaar in een kom.

Verdeel de groenten in een enkele laag over een bakplaat.

Rooster in de oven tot de groenten bruin beginnen te worden en gaar worden, ongeveer 45 minuten.

Geroosterde Boerenkool en Zoete Aardappelen

INGREDIËNTEN

1 ½ kg zoete aardappelen, geschild en in stukjes van 2,5 cm gesneden

½ ui, dun gesneden

¼ kopje water

½ groentebouillonblokje, fijngehakt

1 lepel. extra vergine olijfolie

½ theelepel komijn

½ theelepel jalapeñopeper, fijngehakt

½ theelepel paprikapoeder

½ tl chilipoeder

Zwarte peper

½ kilo verse boerenkool, gehakt

Doe alle ingrediënten in een slowcooker behalve de laatste.

Top met een handvol boerenkool en vul de slowcooker.

Als het niet allemaal in één keer past, laat de eerste portie dan eerst koken en voeg wat meer boerenkool toe.

Kook 3-4 uur op middelhoog vuur tot de aardappelen zacht zijn.

Schraap langs de zijkanten en serveer.

Sichuan-stijl gebakken waterkers en wortelen

INGREDIËNTEN

1 ½ kg wortelen, geschild en in stukjes van 2,5 cm gesneden

½ rode ui, dun gesneden

¼ kopje water

½ groentebouillonblokje, fijngehakt

1 lepel. sesamolie

½ theelepel Chinees 5-kruidenpoeder

½ theelepel Sichuan-peperkorrels

½ tl chilipoeder

Zwarte peper

½ kg verse waterkers, gehakt

Doe alle ingrediënten in een slowcooker behalve de laatste.

Bedek met een handvol waterkers en vul de slowcooker.

Als het niet allemaal in één keer past, laat de eerste portie dan eerst koken en voeg wat meer waterkers toe.

Laat 3-4 uur op middelhoog vuur koken tot de wortels zacht worden.

Schraap langs de zijkanten en serveer.

Geroosterde en gekruide uien en rapen

INGREDIËNTEN

1 ½ kg rapen, geschild en in stukjes van 2,5 cm gesneden

½ ui, dun gesneden

¼ kopje water

½ groentebouillonblokje, fijngehakt

1 lepel. extra vergine olijfolie

½ theelepel komijn

½ theelepel achiote zaden

½ theelepel cayennepeper

½ theelepel citroensap

Zwarte peper

½ kilo verse spinazie, gehakt

Doe alle ingrediënten in een slowcooker behalve de laatste.

Bedek met een handvol spinazie en vul de slowcooker.

Als het niet allemaal in één keer past, laat de eerste portie dan eerst koken en voeg wat spinazie toe.

Kook 3-4 uur op middelhoog vuur tot de knollen zacht worden.

Schraap langs de zijkanten en serveer.

kerrie wortelen

INGREDIËNTEN

1 ½ kg wortelen, geschild en in stukjes van 2,5 cm gesneden

½ ui, dun gesneden

¼ kopje water

½ groentebouillonblokje, fijngehakt

1 lepel. extra vergine olijfolie

½ theelepel komijn

½ theelepel gemalen koriander

½ theelepel garam masala

½ tl chilipoeder

Zwarte peper

½ kilo verse boerenkool, gehakt

Doe alle ingrediënten in een slowcooker behalve de laatste.

Top met een handvol boerenkool en vul de slowcooker.

Als het niet allemaal in één keer past, laat de eerste portie dan eerst koken en voeg wat meer boerenkool toe.

Kook 3-4 uur op middelhoog vuur tot de knollen zacht worden.

Schraap langs de zijkanten en serveer.

Pittige Gebakken Spinazie En Ui

INGREDIËNTEN

1 ½ kg wortelen, geschild en in stukjes van 2,5 cm gesneden

½ ui, dun gesneden

¼ kopje water

½ groentebouillonblokje, fijngehakt

1 lepel. extra vergine olijfolie

½ theelepel komijn

½ theelepel achiote zaden

½ theelepel cayennepeper

½ theelepel citroensap

Zwarte peper

½ kilo verse spinazie, gehakt

Doe alle ingrediënten in een slowcooker behalve de laatste.

Bedek met een handvol spinazie en vul de slowcooker.

Als het niet allemaal in één keer past, laat de eerste portie dan eerst koken en voeg wat spinazie toe.

Kook 3-4 uur op middelhoog vuur tot de knollen zacht worden.

Schraap langs de zijkanten en serveer.

Geroosterde Zoete Aardappelen En Spinazie

INGREDIËNTEN

1 ½ kg zoete aardappelen, geschild en in stukjes van 2,5 cm gesneden

½ ui, dun gesneden

¼ kopje water

½ groentebouillonblokje, fijngehakt

2 lepels. veganistische boter of margarine

½ theelepel Provençaalse kruiden

½ theelepel tijm

½ tl chilipoeder

Zwarte peper

½ kilo verse spinazie, gehakt

Doe alle ingrediënten in een slowcooker behalve de laatste.

Bedek met een handvol spinazie en vul de slowcooker.

Als het niet allemaal in één keer past, laat de eerste portie dan eerst koken en voeg wat spinazie toe.

Kook 3-4 uur op middelhoog vuur tot de aardappelen zacht zijn.

Schraap langs de zijkanten en serveer.

www.ingramcontent.com/pod-product-compliance
Lightning Source LLC
Chambersburg PA
CBHW070411120526
44590CB00014B/1353